教員3年目の教科書

新卒3年目から グイッと飛躍したい！ 教師のための心得

土居正博 著

明治図書

はじめに

―「飛躍」は今！努力を自分の成長に―

教員になって３年ほどが経つと，あんなに辛く忙しかった初任者時代がウソのように，余裕が出てきているのではないでしょうか。もちろん今もそれなりに忙しくはありますが，学級経営もそこそこ安定し，授業もスムーズに流れる。そんな日々を送れるようになってきているはずです。初めは目が回るほど忙しく大変に感じた仕事にも，慣れるものなのです。そしてその頃が，本書が対象としている３～５年目くらいです。

初任者の頃に努力しない人はいないはずです。どんな人でも努力すべき課題が明確だからです。その努力の方向性は教職に「慣れる」ということです。前著『初任者でもバリバリ活躍したい！教師のための心得』（以降，「初任者本」と表記します）でも紹介しましたが，初任者にとっては，教職に慣れ，赴任校に適応することが第一です。そしてその努力は誰でも自然とできます。誰にとっても課題は同じ「慣れる」ことで，明確だからです。

しかし，３～５年目にもなってくると話は変わってきます。「慣れる」ことに努力をしてきたのが，その「慣れる」を達成したら次なる目標を自分で見つけ，定めなくては，努力しなくなるのです。そこそこ学級を安定させられ，授業も流れてさえいれば，誰からも文句を言われないからです。そうすると，「努力しない教師」が生まれていきます。これではいけません。「飛躍」などあり得ません。自分に厳しく，教師である自分を成長させていかなければいけません。

かく言う私も同じような経験があります。

教師になって１，２年が経ち，自分では「そこそこやれている」と思っていました。今思えば，現状に満足し，もっと実践を磨こうという努力を欠いていました。しかし，ある日参加したセミナーで「全国レベル」を目の当たりにしたのです。その日は表現しがたいほど打ちひしがれたのを覚えています。子どもがイキイキと授業で活躍しているその姿は，私が「そこそこやれている」と思っていた担任するクラスの子どもたちの姿とはかけ離れたものでした。子どもたちに申し訳なくなりました。

それから私は自分の実践を磨き，子どもが本当にイキイキと取り組み，力がつくような実践を創ることに努力を向けていきました。そうして教師になって３年目，手応えのある実践を創ることができました。その実践は対外的にも認められ，小学館主催「わたしの教育記録」を受賞したり，書籍化されたりしました。そして何より一人一人の子どもがイキイキと学習に取り組み，力の「伸び」が顕著でした。

このような経験から，３～５年目の先生方にアドバイスを送ります。それは「**現状に満足せず，努力を“慣れる”ことから“高める”ことへ向けること**」です。その具体的な考え方や努力の仕方をまとめたのが本書です。本当の教師の楽しみはここからです。「慣れた」その先にあるのです。

ここで本書の特徴を二つ紹介しておきたいと思います。

一つは，構成についてです。本書は「Chapter１心得編」「Chapter２学級経営＆子どもへの指導編」「Chapter３授業づくり編」「Chapter４職員室・保護者対応編」「Chapter５仕事術編」「Chapter６自己研鑽編」の６章構成になっています。まずはChapter１からお読みください。Chapter１にはその後のChapter２～６の「核」となる「心構え」を書きました。それを読んでから各章での詳しい内容をお読みになると，よりスムーズに理解していただけると思います。

二つは，前著「初任者本」との対比についてです。本書では度々「初任者本」で私が主張していることにも触れています。例えば「初任者本」では，「子どもと仲良くなろうとする必要はない」と，「子どもとの関わり」に関する心得としてアドバイスしていますが，本書では「子どもに尊敬されよ」と方針を変えています。それは初任者から３年目へのレベルアップを示しています。この辺りを「初任者本」と照らし合わせてお読みいただけると，より３年目頃の教師に求められていることが明確になるでしょう。

夢と希望をもって就いた教師。せっかくならプロ教師として胸を張れるよう成長したくはありませんか。ぜひ本書を武器に，「飛躍」してください。

土居正博

※本文中の子どものエピソードなどは，個人情報につき，一部を入れ替えたり，改変をしたりしています。

CONTENTS

Chapter 2

育てたい子ども像を明確に！
一人一人が成長する学級経営＆子どもへの指導編

Chapter 3

授業で「勝負」できる教師になる！
クラス全員に力をつけるための授業づくり編

Chapter 4

力量を高めよ！
信頼をつかみとる職員室・保護者対応編

Chapter 5

3年目だからこそ身につけたい！ 良サイクルを生み出す仕事術編

Chapter 6

初任者気分から脱却せよ！ さらに飛躍する教師になるための自己研鑽編

Chapter 1

惰性と決別せよ！

グイっと飛躍するための心得編

教師を楽しみ，飛躍できるかどうかが決まる時期であると心得よ

「慣れてきた頃」が最も重要である

教師になって3年目にもなれば，初任の年などと比べてかなり余裕が出てきているはずです。

初任者のときはその日の授業を考えるので精一杯。それに加えて子ども同士のトラブルを仲裁したり，保護者対応をしたりして，とことん疲弊していたことと思います。

しかし，怒涛の1年間を乗り越えれば，ある程度見通しをもてたはずです。見通しをもつと，かなり余裕が出てきます。

「今はキツいけれど，この時期を越えれば……」
「もう少ししたら運動会の準備が始まるから，授業を進めておこう」
「成績処理を早めに始めておこう」

などと見通しをもつことで，余裕をもって仕事に取り組めるようになっているはずです。

さて，その結果，初任者の年に上手くいった人も上手くいかなかった人も，3年目付近の今，それなりに授業をスムーズに行え，学級も安定し，保護者からのクレームもほとんどない。そして，校務分掌の仕事も大きな仕事を任されるようになってきた……このような状況になっているのではないでしょうか。

ここで断言します。

この状況で満足していれば，あなたの飛躍・成長はありません。

なぜなら，やっとあなたはスタートラインに立ったにすぎないのです。

ここからの心構え，姿勢であなたの教師人生が大きく変わります。

あなたはまだ教職に「慣れた」だけなのです。まだまだ子どもを伸ばせてはいないはずです。

この時期が本当の「勝負の時期」だと心得ましょう。

「必死の努力」を「慣れる」から「高める」へ

なぜ勝負の時期は「3年目頃」なのでしょう。

それは，ちょうどその頃多くの教師が「慣れる」ことを達成するからです。もっと具体的に言えば，多くの初任者が，**小学校であれば低学年・中学年・高学年の担任を経験し終わる頃**です。

私も初任の年から４年生→５年生→１年生と担任し，低・中・高を全て経験させていただきました。やはり発達段階によって大きく違うなと思う部分と，反対に変わらないなと思う部分がありました。

このように経験させていただいたことは非常に大きな糧となりました。**見通しをもてた**のです。

「見通し」とは，自分が取り組んでいることの全体像が見えることだと思います。見通しがもてないと，全体像が見えないから不安になるのです。

また中学校であれば１～３年生の担任や授業を経験することになるでしょう。このこともやはり「見通しをもつ」という点において大きな意味をもちます。

さて，初任者の年に必死に努力をしない教師はいないでしょう。遅くまで学校に残り，毎日頑張って授業をし，学級経営をしていくことになります。初任者のその「必死の努力」はどこに向けたものでしょうか。

それは，教職に「慣れる」ということです。

初めて取り組むことに対して「慣れる」までは毎日緊張しますし，それだけに必死に取り組みます。
しかし，一旦慣れてしまえば，そのような姿勢は戻りません。日々の緊張も弱まり，必死に取り組むということもなくなってくるでしょう。
例えば，車の運転免許を取り立ての頃は毎回非常に緊張しながらハンドルを握ります。そして，教習所で習ったように歩行者を目視するなど安全に細心の注意をはらって運転します。
しかし，運転に慣れてくると，毎回そのような姿勢で車に乗る人はほとんどいない，と言っても過言ではありません。その結果，交通事故を起こしやすいのは免許を取り立てのドライバーよりも運転に慣れてきた頃のドライバーだと言われています。
「慣れる」ことに必死に努力してきた初任者ですが，３年目頃になると，その最大の目標「慣れる」を失うことになります。ここから２種類の教師に分かれていきます。
それは，**次なる目標を決めて努力を続ける教師とそうでない教師**です。
もちろん，教師になるような人はほぼ全員が前者になりたいと思っているはずです。
初任者のとき「慣れる」ことに必死にしていた努力を向ける新たな方向，それは「高める」ことです。
自分自身の実践を「高め」ましょう。
自分の実践を「高める」ことに対して，必死に努力するようにするのです。
３年目頃のこの時期に，このような姿勢を身につけられるか否かでその後の教師人生が大きく変わってきます。
実践を「高める」ことを続けると，日々が刺激的なものになります。
うまくいった，いかなかったで一喜一憂したり，子どもがグンと力をつけて感動したり，濃い毎日になります。
これこそが教職の本当の楽しさであると私は思います。３年目頃にこのことを実感できれば，常に前向きに教職を続けていけるはずです。

「3年目」という数字は人によって異なる

ちなみに，「3年目頃」と表記していますが，既にお分かりのように「教職に慣れてきた頃」と変換して捉えてください。

さらに具体的に言うと，以下のような状況です。

- ・指導書を見て，授業をスムーズに流せている（と思う）。
- ・細かいことはあるが，概ね安定して学級経営できている（と思う）。
- ・校務分掌での仕事をこなせるようになり，大きな仕事も任されるようになってきた。
- ・少しずつではあるが日々の仕事に見通しをもって取り組み，早め早めの仕事ができるようになってきた。その結果，帰宅時間も早くなってきた。

上のような状況になってくれば，それは2年目であろうが4年目であろうが5年目であろうが本書の対象と思ってください。

「慣れる」を達成し，「高める」に努力を向け変え，飛躍する時期です。逆に言えば，上のようなことをまだ達成していなければ，それはまだ「慣れる」段階にあります。前著「初任者本」のほうもご覧ください。

本書では便宜上題名を「教員3年目の教科書」と「3年目」に限定する形をとっていますが，「1年目」「3年目」などはただの数字にすぎません。

大切なのは自分の今の力量を正確に知り，そのステージに応じた努力を積み重ねていくことなのです。

上に挙げたような力量になっていると自覚があれば，それは「次のステップ」へのスタートです。

- **・「慣れてきた頃」が今後の教師人生を左右する！**
- **・「高める」ことに必死の努力を。**
- **・「○年目」という数字にこだわるな。**

「落ち着いている」という言葉にだまされるな

「落ち着いて」いればよい？「学級崩壊しない＝伸びている」ではない

クラスの状態，子どもの状態がよいことを表して教員が使う言葉の一つに「落ち着いている」という言葉があります。

私も初任者時代はとにかく「落ち着いたクラス」をつくりたいと考えていました。

きっと3年目頃を迎えたあなたの教室も「落ち着いて」きているのではないでしょうか。

しかし，一見よいことばかりに見えるこの「落ち着いている」という状況は，実は子どもが成長していない可能性があります。

そもそも「落ち着いている」とはどんな状態を指して使われることが多いでしょうか。以下のような状態ではないでしょうか。

- 授業中に騒ぐ子や立ち歩く子がいない。
- ケンカやトラブルが日常茶飯事ではない。
- 深刻ないじめは見当たらない。
- 先生の言うことを子どもたちは概ね守っている。

もちろん，このような状態は決して悪い状態ではありません。

しかし，**子どもたちが「伸びている」と言えるでしょうか。**

何となく授業を滞りなく行え，学級経営上でもさしたる問題が起こらないことをいいことに，その「安定」に胡坐をかいていないでしょうか。

かく言う私はそうでした。

初任者の年から学級を「落ち着いた」状態で過ごすことができ，現場に立つまではあんなに恐れていた「学級崩壊」が自分の身に起こらないことに，「自分って結構センスがあるのでは？」といい気になっていたのです。

そんな**私のクラス，今思えば子どもたちを「伸ばせていない」状態**でした。しかし，当時の私は「これでいいんだ」と思い込んでいたのです。

まるで，**「学級崩壊しない＝子どもが伸びている」と錯覚を起こしていた**かのようです。

「冬眠的忍耐型学級崩壊」という言葉を知る

そもそも深澤（2009）によれば，**「学級崩壊」には２種類**あります。

それは「無政府的解放型学級崩壊」と「冬眠的忍耐型学級崩壊」です。

「無政府的解放型学級崩壊」は「子どもが教師の言うことやルールに従わず，離席したり，妨害したりすることで授業が成立しない状態」のことです。

一般的に「学級崩壊」という言葉はこちらのタイプを指すことがほとんどであると思います。

私も当時はそう考えていました。

だから，子どもが「落ち着いて」授業を受けてくれていれば，「学級崩壊」ではないと考え，子どもが「落ち着くように，落ち着くように」と学級をつくっていた節があります。

しかし，３年目のある日，深澤久先生の書かれた『鍛え・育てる　教師よ！「哲学」を持て』（日本標準）を読み，「冬眠的忍耐型学級崩壊」について知り，衝撃を受けました。

「冬眠的忍耐型学級崩壊」とは「子どもがもっている力を発揮しようとしない，どんよりした雰囲気の漂う，一人一人が殻にこもった状態」のことです。

具体的に言うと，次のような状態です。

・誰でも答えられるような簡単な発問にもほとんど誰も発言しない。あるいはノートに書いているのに発言しようとしない。
・しっかりした声で音読しない，返事をしない。
・シーンとしていて全体的にうつむき加減であり，活気がない。

このことを「学級崩壊」と呼ぶ深澤先生のお考えに触れたとき，私は愕然としました。今まで「落ち着いている」と思っていた，これまで担任していた自分のクラス・子どもでしたが，まさに上のような状態が見られたのです。

例えば，授業中に発言するのはいつも決まった数名でした。他の子はというと，ノートに書いていないわけではないのです。それなのに「自分の力を発揮しようとしない」という子どもの状態に，私は気付かずにいました。

むしろ「落ち着いて」授業を受けているからいい，と捉えていたのでした。

私の今までの概念が破壊された瞬間でした。

子どもを「伸ばす」ことにこだわる！

それから，私はクラス・子どもが「落ち着いて何事もなく過ごす」ということを目指すのではなく，子どもたち全員が「自分の力をよい方向に発揮する＝伸びる」ということに真剣にこだわることにしました。

当時私が担任していたのは１年生でした。

「落ち着いて過ごす」ことはできていました。しかし，その状態にどこか満足している自分がいました。

そんな中，上に挙げたような深澤先生のお考えに触れました。

そして，「子どもの力を発揮させる＝伸ばす」ことにこだわり始めたのです。

しかし，「伸ばす」ことにこだわるといっても，どこから手をつけたらよいか迷いました。そこで，まずは私の専門教科である国語科の力を「伸ばす」ことにこだわろうと決めました。

様々考えて，まずは「音読」を徹底して「伸ばす」ことにしました。

それまでは周りのクラスに合わせて音読カードで宿題に出している程度で，意識して指導していませんでした。

しかし，私が絶対に「伸ばす」と決めて，力を入れて指導すると子どもは変わりました。

今から見れば，「そんなやり方はしないなぁ」とか「めちゃくちゃだなぁ」と思うようなやり方もありましたが，子どもたちはついてきてくれました。

そして，結果的には，**クラス全員が国語教科書１冊をしっかりした声で暗唱できるまでになった**のです。

この結果は，私にとって非常に自信になりました。

やはり，**子どもを「伸ばす」ことにこだわる！という教師の姿勢こそが最も重要だと気付いた**のです。

３年目頃になったら，「とにかく落ち着いて１年間を過ごす」という目標を卒業し，「○○は絶対に伸ばす！」という，子どもを「伸ばす」目標をもち，それに向けて試行錯誤すべきです。

この目標は何でもいいのです。

クラス全員が自分から挨拶できる子に育てよう，という生活上の目標も素敵だと思いますし，クラス全員が当該学年の漢字を９割は書けるようにしようという学習の目標も重要です。

教師が子どもを「伸ばす」という目標にとことんこだわるとき，予想もしないような結果が生まれ，教師の力も伸びていくのです。

- **全員が自分の力を発揮しようとしないのも学級崩壊である。**
- **「落ち着いている」状態を目指すのを卒業し，「伸ばす」ことを目指そう。**

「安定志向」を捨て，あえて「破壊」を意識せよ

安定志向を排す

ともすれば教員は「安定志向」になりがちです。

「何とか無事に１年を過ごせればいい」という考え方です。

実際，クラスの子どもが育ったからといって，給料が上がるわけでも，出世するわけでもありません。

であるなら，授業が成り立って，さしたる問題さえ起きなければそれでいい，という考えになってきてしまうこともあるのです。

このような教員の「安定志向」はいつ頃から始まるかというと，３年目頃だと私は考えています。

ちょうどこの頃に１年間の見通しがもて，教職の「要領」をつかむのです。

授業はこのように流せばいい。

学級経営や子どもとの関わりはこのようにしておけばいい。

学級事務や校務分掌の仕事はこのようにやればいい。

３年目というのは，こういったことをつかんでくる頃なのです。

「要領」よくやれるようになり，「こうやっておけば大丈夫，問題は起こらない」と，どんどん「安定志向」になっていくのです。

だからこそ，**この時期にはその「安定志向」を捨て去る必要がある**のです。その先にしかさらなる「飛躍」や「成長」はありません。

「安定志向」を持ち続ける限りは，本当の教職の楽しさを味わえません。

「安定」ではなく……「破壊」を心がける

「安定」ではなく「破壊」を心がけることです。

「去年このやり方でうまくいったから，今年もこれでいこう」と安易に考えず，**「もっといいやり方はないか」と去年のやり方を一旦捨て，さらなる改良を加えようとする**のです。

例えば，「初任者本」では「一人一役当番システム」を推奨していました。仕事の責任の所在を明らかにするため，学校生活を円滑に送るためのクラスの仕事を一人一役で細かく分担していく，というものです。

私も２年目まではこの方法を採用していました。やはり一人一役システムを用いることで，クラスの当番活動はスムーズに進んでいました。

しかし，**同時に「限界」も見えてきました。**

それは，「自分の仕事以外のことをやらなくなる」ということです。例えば，電気が消されていなかったとき，サッと自分で消すのではなく，「電気当番，誰？」と聞くような子が多くなってしまったのです。

そこで私は様々考えながら，一人一役当番システムを後期からやめ，**「自分でやりたい仕事をやる」**というようにすることにしました。

仕事を見つける期間を設け，その後一人一人「この仕事をやります」と宣言させたのです。

また，**一人でいくつ仕事をやってもいい**，というシステムにしました。

すると子どもたちは，自分でクラスのために仕事を探すようになり，中には一人で５つも仕事に取り組む子がいたり，途中で「先生，この仕事を増やしていいですか」と提案したりするようになりました。自分から積極的に仕事を探し，自ら取り組む，という姿勢に変えることができたのです。

このような子どもの実態に合わせた試行錯誤こそ，さらに教師の力を伸ばしてくれるのです。

- **さらに飛躍したければ，今まで得たものを捨てる覚悟も必要である。**
- **子どもに合わせて柔軟に考えることで教師の力は伸びる。**

「ハウツー」頼りから卒業し，自分の頭で考えよう

ありがたくもあるが頼りすぎると弊害もある「ハウツー本」

世に出回っている教育書の多くが「ハウツー本」です。

「○○すれば子どもはできる」などと，具体的な指導法が分かりやすく記載されている本がそれに当たります。

この「ハウツー本」は何も知らない初任者にとっては非常にありがたい存在です。ですから，「初任者本」にはあえてハウツーなどの「具体的情報」を積極的に集めました。それを真似すれば，一定の効果を得られるからです。

「ハウツー本」に記載されている手法は，著者が毎日その問題と向き合い真剣に考えたり試行錯誤をしたりした結果，得られたものです。

実は，その「考える」過程こそ重要なのです。しかし，「ハウツー本」にその考え方，過程などは記載されることはありません。そこが落とし穴です。

教師にとって重要なのは，目の前の子どもに合わせて，つけたい力をどのようにつけられるかを「考える力」です。その「考える力」さえあれば，どんなに指導が困難な子に出会っても試行錯誤を繰り返し，立ち向かっていくことができます。

反対に「考える力」がなければ，「ハウツー本」に載っている方法を試して，ダメならその子を諦めるしかないのです。なぜなら，ハウツー本を「真似する」ことはできても，自分で「考える」ことができないからです。

このように，「ハウツー本」はありがたい存在でもありますが，**教師にとって根幹となる「考える力」が伸びないという弊害もある**のです。そのため，

３年目頃の教師を対象とした本書では，「やり方」はほとんど紹介しません。「初任者本」では学級経営編などで多くの「やり方」を紹介していました。**一方，本書では，「考え方」や「在り方」を多く紹介していきます。**

ある一点にこだわって，自分で手法を考えよう

教師の「考える力」を伸ばすため，ハウツー本から卒業し，自分で手法を考えるようにしてみましょう。と言っても，学校教育の活動全てにおいて自分で考えなくてはいけない，と思うと辛いものがあります。

そこで，**まずは「ある一点」を決め，それだけは意地でも自分で考えて実践する**，というようにしましょう。「ある一点」は何でもいいのです。

挨拶，返事，掃除，学級のイベント，授業，どれから入ってもよいでしょう。ただし，**「全て自分の頭を使って考えること」「目に見えるくらいの成果をしっかり出すこと」**の二つの条件を必ず満たすようにしましょう。

初めはなかなか上手くいきません。

挨拶一つとっても，クラスの子どもたちほぼ全員に「自分から，明るく」挨拶できるようにするのは難しいものです。

しかし，この難しさを経験し，「ああでもない，こうでもない」と深く考えたり，「あれをやってみよう，こうしてみよう」と試行錯誤したりする過程で**教師にとって一番大切な「考える力」が伸びる**のです。

この過程は正直辛いです。自分の努力が報われないことも多くあります。

しかし，自分で考えるようにすれば，ハウツーを借りてきてその場しのぎで実践していた頃より確実に一段階上のステップに到達することができます。

ハウツーを借りてきて満足する教師になるか，それとも自分で考えてハウツーを生み出す教師になるかは，あなたが３年目付近のとき，「自分で考える」ことにこだわるかどうかで決まるのです。

- **ハウツーからの卒業を目指せ！**
- **「ある一点」にこだわって，徹底的に「自分で考える」こと！**

子どもに尊敬される教師を目指そう

馴れ合い×，怖すぎ×

「初任者本」には，「仲良くなる必要はない」と書きました。

若いからこそ，子どもとの距離が近くなりすぎてしまうことを危惧してこのようなことを書きました。

3年目頃の教師に大切なのは，「尊敬される」教師になる，という意識です。

まだまだ若いほうの部類に入るでしょうが，いつまでも「初任」気分でいるのではなく，「あの先生の言うことならやってみようかな」とか「この先生なら信頼できる」などと尊敬される教師になることです。

「初任」「新しい先生」というのは，子どもたちもそのような特別な目で見てくれます。

しかし，3年目頃になればそのような目で見られることはなくなります。教師側にとって「新しい先生」であるというラベルがはがれたとき，本当の勝負が始まります。

ここから道を誤ると2種類のよくない教師になってしまうことがあります。

1種類が，子どもに迎合して顔色を伺う「馴れ合い」の教師です。子どもに対して指導すべきことを指導できず，子どもを伸ばすことができません。

もう1種類が，それとは逆に子どもを管理し，威圧する「怖すぎ」の教師です。子どもがイキイキとせず，どちらかというと「冬眠的忍耐型学級崩壊」に近い形になります。結局子どもは伸びません。

やはり，叱るべきときは然るべき方法で叱り，子どもを楽しませるときは思いきり楽しませる，そして授業も面白い「尊敬される教師」を目指すべきです。

このような教師としてのスタンスを築くのも３年目頃なのです。

尊敬される教師を目指すと……

仮に，すぐに子どもたちから「尊敬される」教師になれなかったとしても構いません。子どもたちに「迎合せず」，「威圧せず」，尊敬されようという意識をもつことが重要なのです。

そうすると，**やはり授業力がないと話にならない**ということに気がつきます。

いくら常に口で立派なことを言っていても，教師の本業である授業がつまらなければ，子どもたちにとって「すごい先生だな」とはならないからです。

尊敬されようとすれば，自然と自分の力を高めようという意識になるのです。

また，尊敬されようと意識すると，**一つ一つの自分の言動をよく考える**ようにもなります。

例えば，いつも子どもに「自分から発言しよう」と指導しているのに，教師である自分自身が研究協議会で意見があるのに発言しないのはいかがなものか……と自分自身を振り返るようになるのです。

言行一致を常に意識するようになるということです。

子どもから尊敬されようとすれば，自然と軽率な言動や怠惰な生活を送ることも少なくなっていくでしょう。

最高の不祥事対策と言えるかもしれません。

- **子どもとのベストな関係は「尊敬される」関係を築くこと。**
- **尊敬されよう，という意識が教師の行動を変える！**

教師は授業で勝負するものと心得よ

いよいよ「授業」に真剣に向き合うとき

「初任者本」には，「授業はうまくいかなくて当然」と書きました。

しかし，3年目頃の教師にとってはこの原則は覆ります。

「教師は授業で勝負するものだ」という意識を強くもつようにしましょう。

この時期に授業力向上に全力を注ぐことが，その後の教師人生を大きく飛躍させる要諦です。

自分がかけられる力と時間の多くを「授業づくり」とその「振り返り」にかけていくのです。

初任者の頃と比べてきっと仕事を素早く進められるようになっているはずです。そうしてつくり出した時間を「授業」にかけていくのです。

とにかく，まずは意識することです。「自分は授業で勝負する！」と心に決めるのです。

授業でクラスをつくる，という意識をもつ

とはいえ，「学級経営も気が抜けないし……」と思う先生は多いはずです。

大丈夫です。**授業を通して学級をつくってしまえばいい**のです。

「相手を尊重する」，「人の話を聞く」，「自分の考えをきちんと伝える」，これらは学級経営上，非常に重要なことですよね。

果たしてそれはいつ指導することでしょうか。

まさしく「授業」中ではないでしょうか。

授業は学習内容を指導するだけの場ではないのです（このことについては，「Chapter３授業づくり編」でも詳しく述べます）。

どんな教師も「授業」からは逃げられない

私は，いろいろな個性をもつ教師がいていいと思います。

子どもを笑わせるのが得意な先生，子どもと雑談で心をつかむ先生，学級イベントで心をつかむ先生，運動で心をつかむ先生……。

子どもも，様々な教師と接することは非常に重要だと思います。

どんなことを武器とする教師がいてもいいのです。多様であるべきだと思います。

しかし，どんな教師も「逃れられない」ことがあります。

それは，授業です。これこそ我々教師の本業です。

どんなに性格が明るく，話が面白い人気者の教師でも，つまらない授業をすれば，子どもは退屈そうな表情で上の空になるのです。

多少は「先生のことが好きだから！」と頑張ってくれるかもしれませんが，授業は年間1000時間もあるのでそれだけでは通用しません。

子どもたちの学校生活の大半は，やはり授業です。

その授業が充実したものでなければ，学校生活全体も充実したものになりようがありません。

逆に考えると，授業を充実させられる教師，授業が強みの教師は「強い」ということが分かります。

子どもたちの学校生活の大半を占める授業を充実させることができ，子どもたちに力をつけることができる，こんな教師は最も信頼されるのです。

- **今こそ「授業」に全力を注げ！**
- **授業で学級をつくる，という意識を。**
- **授業で子どもの学校生活を充実させよ。**

苦手な子にこそ，こだわれ

教師の力量を伸ばしてくれる存在

勉強が苦手な子，運動が苦手な子，友だちをつくるのが苦手な子……。教室には様々な苦手をもつ子がいます。

そんな子たちこそ，教師の力を伸ばしてくれる存在なのです。

苦手をもつ子と徹底して向き合うようにしましょう。

「この子は元々そういう力がないのだ」などと諦めてしまったらそこで終了です。その子を伸ばすことはできませんし，当然，教師の力も伸びません。

徹底して向き合い，どうして苦手なのか，どうしたらできるのか，徹底して分析し，知恵を絞って手立てを講じ，さらにそれを振り返っていく……これを繰り返すのです。

実はこの過程が，教師を成長させてくれる過程です。

ある年，漢字が苦手な男の子を担任しました。引継ぎでも「漢字が極端にできない」と書かれていました。確かに，前年度学習した漢字テストをやってみると，ほとんど書けませんでした。

私はその子をよく観察し，分析しました。すると，「書く」はおろか，「読み」がほとんどできていないことが判明しました。私は，まずは「読み」を徹底して定着させて自信をつけさせようと考え，漢字の「読み」徹底を図るため漢字ドリルを毎時間音読する「漢字ドリル音読」に取り組みました。

すると，彼は漢字が「読める」ようになっていくのが嬉しかったらしく，その後どんどん力をつけ，年度末の抜き打ちテストで92点を取ったのです。

私は，彼と向き合う「過程」でたくさんのことを得ることができました。「漢字習得に読みは欠かせない」「読めるようになった子は大きく自信をつけ，書き習得までもう少しである」など，漢字指導に関する気付きを得ることができました。また，「**苦手な子に合わせて指導法を創る**」という大切なことも学ぶことができました。他にもたくさん気付くことができ，それらはその後，他の場面でも応用がきくのです。

このように，「苦手」な子に対して徹底的に向き合うことは教師の力を確実に伸ばしてくれるのです。

どのように向き合うべきか

一番いけない向き合い方は，「こんなにいろいろやってあげているのに」という気持ちをもつことです。

クラスの中でも目立つほどの「苦手」というのは，一朝一夕でどうにかなるという甘いものではありません。１年間徹底して向き合って，それでもなお結果が出ないということも稀ではありません。

それなのに教師は，いろいろ手を打っても効果がないと「なんでできないんだ？こんなに頑張っているのに」という気持ちになってきてしまうことがあります。そうして接したら，その子はどんな気持ちになるでしょう。さらに「苦手」が強くなり，トラウマになってしまうかもしれません。

「絶対に伸ばす！」という強い気持ちをもって向き合う反面，「１年間粘っても何の成果も出なくて普通だ」というような緩やかな気持ちをもつことが大切なのです。子どもができなくても笑顔で認め，心の中では「先生は絶対諦めないからね」と思い続けることで教師としての度量が広がるのです。

- **「苦手」をもつ子と徹底的に向き合え！**
- **「絶対に変える！」と「成果が出なくて普通」という二つの気持ちをもって接すること。**

「働き方改革」は何のためかをハッキリさせる

「働き方改革」に頼るな！

３年目頃の教師にも，当然素早く仕事を進め，時間をつくり出す「仕事術」は必要不可欠です。

昨今教育現場においても，「働き方改革」が話題になっています。労働時間の長さが指摘され，教職の過酷さがメディアでも度々取り上げられています。 働き方改革により，業務の精査が行われ，不必要なことをなくしたり，大幅に減らしたりする改善が進んでいくかもしれません。

さて，このような情勢を踏まえて二つ主張したいと思います。

一つは，そのような社会全体の動き，教育界全体の動きにのみ身を委ねるのではなく，**自ら積極的に仕事を素早く進められるようにしていくべき**だとうことです。

誰かがやってくれるのを待つのではなく，自分からやっていくという姿勢が重要です。

結果を残す教師で，仕事が遅い人はいません。

皆，自分なりに「働き方改革」を進め，時間をつくり出してきているのです。

３年目頃になると，初任者の頃よりも仕事量は増え，学校全体を動かすような重要な仕事も任され始めていることでしょう。

そのような状況で，自分の頭を使って何が重要で何から手をつければよいかなどをしっかり考えられるようになっていないと，その後の飛躍はないのです。他力本願で「働き方改革」に頼るのではなく，今の仕事量のままでも余裕でこなせる！くらいの意識をもちましょう。

全ての仕事術を束ねるものは……「何のため」だ

もう一つ主張したいことは，**「働き方改革」は何のためかをよく考えるべき**ということです。

仕事を素早く片付けたり，精選したりするのは何のために行うのかをしっかり押えましょう。

それは，**「子どもを伸ばすこと」に時間を使うため**です。

我々教師の存在意義が「子どもを伸ばすこと」だからです。

ここを外すと，ただ教師が早く帰るためだけの改革になってしまいます。もちろん，早く帰り，健康を保持したり，趣味を楽しんだりすることも大切です。

しかし，つくり出した時間を主として「子どもを伸ばすこと」に使わないと，軸がブレるのです。

「子どもを伸ばすこと」に時間と労力を使うようにすると，もちろんそうでない場合より子どもが伸びます。それに伴って教師の「子どもを伸ばす力」も伸びるのです。そうすればさらに子どもを伸ばすことができるようになります。

これが教師が伸びていく「良サイクル」です。

このサイクルを生み出せれば，教師人生を楽しみながら向上していくことができます。ここを外してしまうと，「働き方改革」をしても「ただ帰るのが早い教師」にしかなり得ないのです。

さて，あなたはどちらになりたいですか。

- **自分から「働き方改革」を起こすべし。**
- **つくり出した時間は「子どもを伸ばすため」に使え！**

同僚に「教えられる」ことをもつことが信頼を得る最も近道である

欠かせない「同僚からの信頼」

飛躍して，活躍していく教師になるために欠かせないのが「同僚からの信頼」です。

「自分の教室さえよければよい」
「自分が担任する子どもさえよければそれでよい」

こんな態度で仕事をしていては，自分の所属校で浮いてしまい，絶対に応援されるようにはなりません。

すると，「自分のやりたいこと」をやれなくなってきます。

例えば，「次の単元で，〇〇をしてみたい」という教師の願いがあったとします。

それを学年主任に提案したところ，信頼されている教師であれば，「〇〇さんの言うことであればやってみようか」となるはずです。

一方，信頼されていない教師であれば，「また，〇〇さんが変わったことを言っている」と思われてしまいます。

この違いは大きな違いです。

本書での大きな主張の一つに，「３年目頃の教師にとって，自分で一つ決めたこだわりを深め，形にする」というものがあります。

この過程では，「自分なりにこだわる」ということが欠かせません。こだわるということは，**自分でやり方を考え実行する**ということに他なりません。
周りから信頼を得られないと，その「こだわり」を許可されなかったり，場合によっては邪魔されたりするということになるのです。

同僚に「教えられること」をもつことが信頼を得る近道だ

それではどのように信頼を得ていけばよいでしょうか。

それは，同僚に「教えられるくらい」の力量をつけることです。むしろ，これがないと本当の意味で「信頼されている」とは言えないでしょう。

教科の授業でも，全体指導でも，学級経営でも，何でもいいのです。

同僚から，「○○さん，これについて教えてくれない？」と言われるようになれば十分です。

初任から今までは「ギブ＆テイク」でいうところの「テイク」だけできたわけです。

3年目からは，自分も「ギブ」をできるようになれ，ということです。

周りに与えられるものが何もないのに，本当の意味で周りに信頼されるなんてこと，あり得るでしょうか。この基盤があって，それに「謙虚さ」「誠実さ」「素直さ」「フットワークの軽さ」などが加点されていくのではないでしょうか。

もちろん「同僚に教えられるくらいの力量」があっても，「謙虚さ」「誠実さ」などがないと信頼されることはないでしょう。

このように考えると，まずは何か一つの領域についてでも「同僚に教えられる力量」があり，それに加わって「謙虚さ」などの人間性があれば同僚にも信頼されるということです。そうすれば，自分のやりたいこともやりやすくなり，さらに飛躍していけるでしょう。

- **「こだわる」ために同僚からの信頼は欠かせない。**
- **「同僚に教えられること」をもつことに加え，「人間性」を磨くこと。**

「師」をもとう

謙虚でいるために……

教師は謙虚で居続けるのが難しい職業です。

大学を出てすぐに「先生」と呼ばれ，子どもたちは初めはどのような子もほとんどが話を聞こうとしてくれる。こんな職業は他になかなかありません。だから，教壇に立っただけで「何者かになった」かのような錯覚に陥ります。

これが謙虚でいることができにくい要因です。

だから，「初任者本」では「歪んだ自己肯定感」を排し，「自分の世界を広げよう」ということで，まずは勤務校で「こうなりたい」という先生を見つけてそれに向けて努力していくべき，という方向性を示しました。

３年目頃の教師にはもっともっと「外に飛び出していくべき」だと伝えたいと思います。

それは，**「師」を見つけること**です。

もちろん，それが校内におられる先生であってももちろん構いません。

ここでいう「師」とは次のような存在です。こういう人を見つけましょう。

- 「自分がどれだけ努力しても絶対敵わない」と思う存在。
- 自分の「こだわり」や「専門」における全国的なレベルの存在。
- 自分に対してしっかり「良いことは良い，悪いことは悪い」と批判してくれる存在。
- 自分のやり方を押し付けないこと。

師に批判されよ

教師は「井の中の蛙」になりがちです。教室という閉鎖的な世界に閉じ込もって生活していると，自分の実践がどの程度のものなのか，全く分かりません。

だからこそ，師をもつのです。

そして，師をもつことができたら，ある程度の期間は絶対にその人についていく，という気持ちをもつことです。師に実践や授業を見てもらい，自分を徹底的に批判してもらう機会をつくるべきです。

時には情けなくて涙が出てきます。

時には子どもたちに申し訳なくて，やりようのない怒りを覚えます。

私も同じでした。いつもほめられることばかりではありません。むしろ苦言を呈されることのほうが多くありました。

でも，**批判されるということは，決して悪いことではなく，長い目で見れば本当にありがたいこと**です。後から見れば絶対正しいことを言われていた，と感じるものです。

３年目頃の先生方には，「批判されても受け止め，改善する」という心をもってほしいと思います。

周りを見ていると，教職年数を重ねるほど「批判される」ことに対して恐れ，相手に悪意があるかのように捉える人が多いように感じます。

そうではないのです。

あなたの「師」は確実にあなたのことを思って批判してくれています。

何より，あなた自身が「絶対敵わない」と認めた師ではありませんか。ひとまずは受け止め，それを糧に成長に繋げていくべきです。

それができるかできないかで，その後の教師人生が大きく変わります。

・謙虚で居続けるために師を見つけよ！

・批判されることを受け止められる自分に。

Chapter

2

育てたい子ども像を明確に！

一人一人が成長する学級経営＆子どもへの指導編

「安全・安心」から「一人一人が成長する」学級を目指そう

安心して過ごせるだけでなく……

「初任者本」では，とにかく子どもたちが「安全・安心」に過ごせることを第一に考えるべき，と述べました。そのために，いじめや危険なことを徹底的に防いでいくことを主張しました。

さて，**３年目頃になったら，この「安全・安心」に満足せず，「一人一人が成長する」クラスを目指すようにしましょう。**

もちろん，「安全・安心」を保持するのは最低条件です。これが欠けると，一人一人の子どもが成長しよう！という気さえ起こらなくなってしまいます。

しかし，いつまでも「安全・安心」を確保するだけでは教師として飛躍とまでは言えません。

３年目頃からはこの上を目指すようにしましょう。

具体的に言うと，**「学級の一人一人が成長をした」といえる状態を目指しましょう。**

よく「いいクラスをつくる」と言いますが，とても漠然としています。そもそも「クラス」とは何でしょうか。

一人一人の子どもの集まりに他なりません。

ということは，一人一人の成長なくして，クラス全体の成長はあり得ません。

一人一人の成長なくして集団の成長はない

なぜ「集団の成長」の前に「一人一人の成長」を目指すのでしょうか。

「集団を成長させる」「いいクラスをつくる」というと，どうしても「仲のいいクラスをつくること」だと思ってしまいがちだからです。

もちろん，仲がいいことにこしたことはありません。

しかし，それは教育の「目的」ではありません。

極端な話，仲良しの集団をつくったところで，１年後には解散します。

一方，**一人一人が成長し，力をつけたり自信を確かにしたりすれば，その子はクラスが解散した後もたくましく成長していくことができます。**

このように比較すると，本当の「目的」は明らかです。**一人一人の成長なくして，「いいクラス」などあり得ない**のです。

そして逆に考えてみると，「一人一人の成長がないクラスの団結や仲のよさ」は，見方によっては危険だとも言えるでしょう。

それは，**一見団結のように見えて，「馴れ合い」の危険性がある**のです。

例えば，自分で何か考えていることがあるのにそれを周りに伝えず，結局発言権の強い子の言葉でどんどん物事が進んでいってしまう。何をするにも「誰かと一緒」で，一人で自分の好きなことができない。一人一人が自分のことを責任もってやっていないのに助け合おうとする。……など，挙げていったらキリがありません。

私はこのような状態は，「仲のいいクラス」に見せかけた「馴れ合いのクラス」だと思っています。

そうではなくて，何か考えがあったら堂々と述べる，やりたいことは自分一人でもとことんやる，自分でできることは自分で責任をもってやる，**そんな一人一人に育てた上に本当の「団結」がある**のではないでしょうか。

・「安全・安心」を保持しつつ，「一人一人の成長」にこだわる。
・本当の団結は一人一人の成長の先にある。「馴れ合い」を見抜け！

「どんなクラスにしたいか」よりも「どんな一人一人にしたいか」をもつべし

「クラス像」よりも「子ども像」を！

先の項目では「安全・安心」を目指す学級経営から「一人一人の成長」を目指す学級経営へとレベルアップすべきと述べました。

それでは具体的にどのようにしていけばよいのでしょうか。

それは，**教師が「どのような子どもに育ってほしいか」を明確にもつこと**です。

ここで重要なのは「どのようなクラスにしたいか」ではないということです。よく「どんなクラスにしたいか」は語られていますが，それよりももっとすべきなのは**「どんな一人一人にしたいか」ということを考えること**です。

例を挙げながら考えてみましょう。

教師が活動の説明を１分間ほどして，いざ子どもたちが活動をし始めようとする場面。

しっかり聞いていなかった子が「え，何するの！？」と周りの子に聞き始めたとします。それに対して周りの子が教えてあげようとしています。

このとき，教師に「一人一人にこんな子になってほしい」という考えが明確になければ，指導しないで見すごすことになるでしょう。

むしろ「仲良く，助け合えるクラスにしたい」などというクラス像を思い描いている場合，「ああ，助け合えていいクラスだな」と思って終わりかもしれません。

しかし，「どんな一人一人に育ってほしいか」を明確にしているとき，いつも前述のような状態ではいけないと「気付く」はずです。

その気になれば話を聞いて理解することは誰でもできるはずなのに，それをしなかった子が，他の子の活動時間を使っていつも助けてもらっているのです。そこに「一人一人の成長」はあるでしょうか。

このように，**「どんな一人一人に育ってほしいか」という「子ども像」をもつことで，一人一人の成長が妨げられている場面に気付くことができるようになる**のです。「気付く」ことができれば，そこで打つべき手を考えるようになるはずです。しかし，「気付く」ことさえできなければ，手の打ちようがありません。

「子ども像」は「馴れ合い」を防ぎ，一人一人を成長させるスタート

実は，例に挙げた状態こそ「馴れ合い」なのです。

「馴れ合い」は一人一人を強く，たくましく成長させません。

一人一人を弱く，一人では何もできない方向へと引っ張っていってしまうのが「馴れ合い」なのです。

このように，「どんな一人一人に育ってほしいか」を考えることこそ一人一人の成長に繋がる指導ができ，なおかつ「馴れ合い」を防ぐこともでき，結果としてクラス全体も成長するのです。

「どんなクラスにしたいか」という思考はどうしても「仲のいいクラス，助け合えるクラス」などのように漠然としがちで，一人一人に目が行かなくなってしまうのです。しかも，この「どんなクラスにしたいか」も突き詰めて考えていけば「仲がいいのだが，やるときはやり，一人一人が自立しているクラス」などと「一人一人の理想像」が入ってこざるを得ません。

やはり，「一人一人がどんな人になってほしいか」を明確にすることはよいクラスをつくる上で欠かせない思考だと言えるでしょう。

- **「一人一人の成長」を目指すクラスにするには，教師自身が「こういう子に育ってほしい」という目指す「子ども像」をもつことから始まる。**

「どんな子に育ってほしいか」をどのように明確にするか

目指す「子ども像」の決め方

ここまで，繰り返し「一人一人の成長」の重要さを述べてきました。そのために教師が「どんな一人一人に育ってほしいか」という，目指す「子ども像」を明確にすることの大切さを述べました。

それでは，どのようにして教師自身が「目指す子ども像」を明確にしていけばよいのでしょうか。

結論から言うと，**教師自身が「自分の頭」でよく考えて明確にしていくしかありません。**「一人一人の成長」といっても，何をもって「成長」とするのかは決まっていません。集団生活ができるようになることを「成長」とする人もいれば，学力が上がったことを「成長」とする人もいます。挙手して発言することができるようになったことを「成長」という人もいます。

このように多様な「成長」がありますが，全てをねらうことは無理があります。取捨選択したり，軽重をつけたりする必要があります。

その際のよりどころになるのが「教師の考え」です。「哲学」といったほうがいいかもしれません。その教師が考える「これだけは絶対に身につけさせたい」というようなことです。**教師自身が，これまでの人生経験や読書などで得た知識から「これは本当に重要だ！」というものに決めるのが一番**です。

これを外すと，自分の指導が歪みます。

例えば，「これからの子どもには○○が必要だと研修で聞いたから……」

とか「先輩もそうしているから……」と，誰かの考えを自分で検討せず丸呑みして「目指す子ども像」を設定したらどうなるでしょうか。

その教師の指導は，ブレてしまうのです。

背景に「確固たる自分の考え」がないから，新たに他の情報が入ると目指す子ども像も変わっていってしまいます。そうすると，「昨日はいけないと言っていたのに今日は違う」などということが起こります。

結局，自分で考え，「これは本当に重要なことだ！」という自分のこだわりしか，本当の意味では人に伝え，指導することなどできないのです。

「具体的な子ども像」こそ自分で考えて決める

目指す「子ども像」には抽象的なものと具体的なものとがあります。

抽象的なものは，「教育基本法」や「学習指導要領」に書かれているような子ども像です。これももちろん重要です。**公立学校教員である以上は，ここを外すわけにはいきません。**しかし，これだけでは抽象的すぎて現場でそのまま使えないのです。例えば，「教育基本法」には「人格の完成」と書いてあります。ですが，どのような状態をもって「人格の完成」と言えるのでしょうか。それを**自分で考えるとより具体的になっていきます。**

一方，**具体的な子ども像は，「教室での子どもの姿」レベルで教師が考えていくものです。**「意見があれば一人でも堂々と述べる」とか「人に見せる文章は字を丁寧に書く」など細かいことです。これらは即ち，教師が「抽象的な理想像（例えば「人格の完成」）」を具体化したものです。

子どもにつけたい力は，具体的に「教室での姿」レベルでどんな力なのかを，学校教育のあらゆる場面（例えば朝の会，授業，掃除など）で明確にしましょう。そうすれば必ず指導が変わります。

- **自分で考えて「理想の子ども像」を設定せよ。**
- **子どもの理想像を「教室での姿」レベルで具体的に，様々な場面において考えること。**

子どもの手抜きは決して見逃さない

3年目頃からは「冬眠的忍耐型学級崩壊」との戦いである

「Chapter 1 心得編」でも紹介しましたが，学級崩壊には離席や妨害などで授業が成り立たなくなる「無政府的解放型学級崩壊」と，子どもが本来もつエネルギーを出そうとしない「冬眠的忍耐型学級崩壊」の二つのタイプがあります。一般的に「学級崩壊」と呼ばれているのは前者です。

ですから，「初任者本」にはそれを防ぐための心得・手法をたくさん書きました。おそらく本書を読んでいる3年目頃の教師は「無政府的解放型学級崩壊」に関しては上手くツボを押えて，回避することができるようになってきているのではないでしょうか。

私もそうでした。

「初任者本」に書いたような手法を用いて，とにかくクラスを「安全・安心」にして授業がスムーズに進むことを目標に2年目頃まで過ごしてきました。順調だと思っていました。

そんな中，深澤先生の『鍛え・育てる』（日本標準）に出会い，「冬眠的忍耐型学級崩壊」を知りました。

まさか，「ノートに書いているのにほとんどの子が発言しない」というのが学級崩壊と捉える人がいるとは……愕然としました。

そのように考えると，当時の私は「できるのにやらない」を容易に許してしまっていました。**授業の妨害など「無政府的解放型学級崩壊」に繋がるような行為でなければ放っておいてしまっていた**のでした。

そのような状態ではどんなに練った授業をしても，いいものになり得ません。子どもも伸びていくはずがありません。

初任者からレベルアップしている本書読者の先生方は，「３年目頃からは冬眠的忍耐型学級崩壊の傾向との戦いのスタート」と捉えましょう。

「できるのにやらない」と戦え

「できるのにやらない」という状態と戦うには，**まずそのような状態に気付かなくてはいけません。**

ノートにほとんどの子が書いているのに発言はほぼゼロという状態なのに，教師が「高学年だから発言しないのは当たり前」などと捉えていたら，いつまで経っても積極的に発言する子になど育ちようがありません。

「気付く」ためには前項までに述べてきた目指す子どもの「理想像」を様々な場面でもつことから始まります。「理想像」をもつからこそ，そのギャップに気付けるのです（このことは次項でさらに詳しく述べます）。

例えば，「意見があれば堂々と述べる」という「理想像」をもっていれば，上のような場面では「おかしい」と気付けるのです。

「気付く」ことができたら，今度はどのような手を打つかを考えます。

最も効果がないのは「なぜ手を挙げないんだ」と叱責したり怒鳴ったりすることです。

そもそも「冬眠的忍耐型学級崩壊」傾向の行動（発言しない，返事しないなど）は「崩壊」といえども離席や妨害もなく，人の迷惑になるようなことはしていません。それを**叱責してもやる気を出すはずがありません。**

ここでいろいろな知恵を発揮するのです。一筋縄ではいきません。しかし，諦めたら終了です。**しぶとく戦い続けることで教師の「子どもをやる気にさせる力」は伸びていきます。**

- **３年目頃は冬眠的忍耐型学級崩壊の傾向との戦いをスタートさせよう。**
- **叱責は通用しない。他の手を必死に考えることで教師の力が伸びる。**

「引っかかる眼」を鍛えよう

見えていないもの，気付いていないものは指導できない

「無政府的解放型学級崩壊」の傾向にある行動は目に付きやすいものがほとんどです。教師への反抗，授業妨害，離席など目立つ行動だからです。

ですから，「初任者本」ではこの型の学級崩壊を防ぐために，そのような大きな行動になる前に「兆候をつかむべし」と書きました。

しかし，ここまで述べてきたように，本書の読者である3年目頃の先生は「冬眠的忍耐型学級崩壊」の傾向を相手に戦うことが主になってきます。

この傾向にある行動は一見目に付きにくいのです。

例えば，「自分の意見があるのに言わない」というような行動は，先の「授業妨害」などと比べると多くの教師は「問題だ」とは思わないはずです。

そうして，「できるのにやらない」状態を見過ごしていくのです。

しかし，**心ある教師，子どもを伸ばせる教師はすぐに「できるのにやらない」状態を見抜き，適切な手を打っていける**のです。

つまり，目の前で同じ光景が繰り広げられていても，「引っかかる」教師と「引っかからない」教師とが存在するということです。

これこそ「力量の差」といえましょう。

まずは，**問題に気付ける力をつける**ことを目指しましょう。

子どもの一挙手一投足を見て「引っかかる点」を増やすのです。これだけでも力量が高まっていきます。子どもをしっかり見るようになるからです。

あらゆる場面で，目指す「子ども像」をもつこと

それでは，どうすれば「引っかかる点」を増やし，問題に気付けるようになっていくでしょうか。

力量のある教師は，子どもを見る「視点」が多いのです。

力量のある教師は，希望調査などで子どもに挙手させる場面一つをとっても多くのことを観察しています。

子どもの目線や肘，指先をよく見ています。

なぜそれらを観察するかというと，目線からは周りの顔色をうかがって手を挙げていないかについてや，肘や指先からは「自分の意見を言うぞ！」というやる気などについてを，見とっているからです。

一方，力量のない教師はただ人数を確認する程度です。

「力量の差」は視点の数の差に表れるのです。

それでは視点をどう増やすのか，ということになります。そのためには**あらゆる場面において，目指す「子ども像」をもつこと**です。

文字通り「あらゆる場面」です。

「挨拶の場面」「起立の場面」「手紙配布の場面」「廊下を歩く場面」などです。これら一つ一つに対して，目指す「子ども像」を具体的にもつことです。なるべく毎日繰り返される場面でもつようにしましょう。そのほうが**「気付く」→「手を打つ」→「振り返る」というサイクルを回しやすくなる**からです。

教師が「子ども像」をはっきりもつということは，「仲のいいクラス」とか「積極性のあるクラス」などという漠然とした言葉で「クラス像」としてもっていた目標を，**あらゆる場面で「この場面では一人一人にこうあってほしい」という具体的な目標に転換させる**作業です。そうすることで，「引っかかる点」を増やし，気付ける教師に成長していけるのです。

- **力量のある教師は「視点」が多い。**
- **「視点」を増やしていくには，あらゆる場面で「子ども像」をもつこと。**

「間接的指導」で子どもに気付かせ，考えさせよう

どのように指導していくのか

教師として子どもをこのように育てたいという「子ども像」を多くもち，視点を増やして「引っかかる点」を増やした後に残る問題は，**「どのように指導するか」ということ**です。

「引っかかる」だけでも大きな第一歩ですが，実際に指導できなくては子どもを伸ばすことはできません。基本的には Chapter 1の心得編で述べたように，教師が「自分の頭を使って考える」ことです。その過程で教師の力量が伸びるからです。

と言っても，「自分で考えろ」とだけ伝えるのではあまりにも無責任ですので，方向性を示したいと思います。

これは，群馬の深澤久先生にいつもご指導いただいていることなのですが，**「間接的指導」を心がけること**です。

子どもたちに「こうなってほしい」という「子ども像」に向けて行う指導には大きく２種類あります。

一つは「○○しなさい」あるいは「○○してはいけません」と，目指す「子ども像」をそのままストレートにぶつける「直接的指導」です。

二つは「○○しなさい」と直接言わずに子どもに考えさせながら，自分の意思で目指す「子ども像」を達成することを目指す「間接的指導」です。

前者を排しなるべく「間接的指導」を行っていく。これが子どもを本当の意味で伸ばす方法です。

なぜ「間接的指導」が重要なのか

なぜ「間接的指導」が重要なのでしょうか。

「子どもへの指導の効果」の面から考えてみましょう。

「直接的指導」は教師のもつ「こうあるべき」を直接子どもにぶつけることでした。そこには，子どもの「思考」がありません。ですから子どもには選択肢は二つしかありません。**「教師に従属する」か「教師に反発する」かです**。この二つ，これまでに述べてきた何かに似ていませんか。

そうです。

前者が「冬眠的忍耐型崩壊」で，後者が「無政府的解放型崩壊」です。

「直接的指導」は「○○しなさい！」と上から従わせる体をとらざるを得ないので，それが多すぎると**子どもが「無気力化」するか「反発」する危険性がある**のです。私の個人的な見立てでは，20年前くらいまでは教師の直接的指導に対して子どもは「反発」することが多かったように感じますが，最近は「無気力化」している傾向が強い気がします。

一方**「間接的指導」は，子どもに考えさせながら，自分で自分の問題点に気付かせ，意思決定をさせて教師のもつ「子ども像」の方向へともっていく指導**です。

「○○しろ！」などと「直接的指導」で怒鳴りつけてその場では従わせたとしても，教師がいないところでは全く違うことをしてしまいます。一方「間接的指導」で子どもに自分で考えて，自分の意思で自分の言動を決定させれば，**教師がいなくても自ら正しい言動を取るようになる**のです。

そもそも，本書で度々あげている「冬眠的忍耐型学級崩壊」の傾向にある行動（意見があるのに言わないなど）に対しては，「直接的指導」で「意見を言いなさい」と言ってもほとんど効果はありません。周知の事実でしょう。

・なるべく「直接的指導」を排し，「間接的指導」を心がける。
・子どもが自分で考えて，自ら動くように。

間接的指導例①

問題点は子ども自身が分かっている

整列移動を例に

それでは「間接的指導」とは具体的にどのような指導のことでしょうか。実際に私が行った指導を例に挙げながら説明していきたいと思います。

ここではどんな学校にもあるであろう，教室移動の際に整列し移動するという場面を例に挙げます。

指導することを明確にする

まずすべきことは，目指す「子ども像」を明確にすることです。

「しっかり移動する」などという抽象的な「子ども像」では，どのような状態が「しっかり」なのか分からず，指導できないのです。

もっと具体的にしなければなりません。私は，「なるべく素早く並ぶ」「話さず前を向いて並ぶ」「速やかに歩く」ということを「子ども像」として設定しました。

「直接的指導」では……

指導することが明確になったとはいえ，それをストレートに「早く並びなさい！」「そこ，話さない！」「素早く歩きなさい」などと言っていては「直接的指導」です。

先ほどから述べてきているように，子どもは従属するか反発するかしかありません。

子どもに考えさせ，自らやる気持ちにさせなくてはいけません。

「間接的指導」の具体

私は次のように間接的指導を行いました。

ある年，年度初めに図工室へ移動した際，ダラダラ並ぶ，話しながら歩く，間を空けてダラダラ歩く，という様子が見られました。

そのような様子が見られましたが，その場で大きな声で叱るなどはしませんでした。それでは「直接的指導」になってしまいます。

そこで図工室に到着した後，まず席に座らせました。

そして，次のように尋ねました。

「さっき教室から図工室に来るまでで，自分は完璧にできたよ，という人？それとも問題があったという人？」

ほぼ全員が「問題があった」に手を挙げました。

子どもは自分で分かっているのです。

挙手した子たちを当てていくと「並ぶのが遅かった」「話しながら歩いていた」「ダラダラ歩いていた」という，私が問題視していたことが挙げられました。そこで，さらに次のように尋ねます。

「なるほど。問題があったようですね。さて，あなたたちは３年生ですが，それらの問題は自分たちが到底解決できないような問題ですか？」

手を挙げさせると，「解決できる」と全員が挙手しました。

「それでは，今自分たちで言ったことをきちんとできるという人は，もう一度教室移動してみましょう」

と言うと，サッと整列し，話さずに速やかに歩くことができました。

これ以降，教室移動でダラダラすることは大幅に減っていきました。自分たちで声を掛け合って移動する姿が見られました。

数年間学校生活をしてきている子どもたちは，自分で何が悪くて何がよいのか分かっています。それをガミガミ言われるのではなく，**自分で自分を振り返り，自分で修正しようと思ったとき，本当に修正していく**のです。

間接的指導例②

目標は細分化する

「卒業式練習」を例に

次に，「卒業式練習」を例に挙げます。

「卒業式練習」では，６年生の最後にもかかわらず「もっと声を出せ！」という「直接的指導」が散見されます。

それでは，「間接的指導」ではどのように迫るのでしょうか。

私は６年生を担任した際，学年主任から頼まれて「別れの言葉」の指導を担当しました。その実際を見てみましょう。

指導することを明確にする

この場合，目指す「子ども像」は明確です。「堂々と大きな声でセリフを言う」という子ども像はどの教師でももてることでしょう。

しかし，これだけでは不十分です。前の例と同じく抽象的すぎるのです。

私はさらに，以下の３点に具体化しました。

①「息をしっかり吸うこと」

②「吸った息を口を大きく開けて思い切り吐くこと」

③「歯切れのよいセリフにするため，最後に小さい“つ”を入れること」

もうお分かりかもしれませんが，これらを考えて指導すること自体が，「声を大きく出す」という子ども像に対して「しっかり声を出せ」という「直接的指導」と比べてはるかに「間接的指導」になっているのです。

「間接的指導」の具体

それでは実際にどのように指導を行ったかを紹介します。

まず，「別れの言葉」の練習の前に次のように言いました。

「みんなの歌の歌い方を見ていると，一人一人がいい卒業式にしたい，という気持ちが伝わってきます。別れの言葉もそういう気持ちで取り組んだらきっと感動する卒業式になると思います。さて，別れの言葉のポイントって何だと思いますか」

挙手した子を指名しました。

「声を大きく出すことです」

「なるほど。確かにせっかくセリフを言っても聞こえなくては意味がありませんね。それでは声を大きく出すにはどうしたらいいかな。苦手な子結構多いと思うんです」

挙手する子がいなかったので，私が正解を言います。

「それはね，しっかり息を吸うことです。声は息を使って音を伝えているからです。今日はそれを意識してみてください。それじゃあ，しっかり息を吸う練習をしてみよう」

と言って，息を吸う練習をした後，実際に「別れの言葉」を通しました。すると，予想以上にしっかり声が出ていました。当初私は①→②→③の順で指導する予定でしたが，子どもの声が出ている様子を見て順序を変更することにしました。一度通した後，まずその場に座らせました。

「すごく息が吸えていてよかったです。声がしっかり出ていました。でも，一つ課題があったのですが，なんだか分かる人いますか」

挙手した10名ほどを当てていくと，正解が出されました。

「少しセリフを伸ばしていてかっこ悪い感じでした」

これが出ればバッチリです。最後まで出なければ教師が教えてあげればいいだけです。語尾に小さい「っ」を入れることを指示，練習させ，再び最初から通すと，**たった１日で「明日本番でも大丈夫だな」と思える「別れの言葉」ができあがりました**。もちろん「声を出せ！」なしで，です。

間接的指導例③

目指す子ども像が明確であれば，指導はブレない

「朝会」を例に

最後に「全校朝会」を例に挙げたいと思います。

「全校朝会」で，司会が輪番制で回ってくるようになっている学校がほとんどだと思います。その司会の場面です。

ここでも「直接的指導」が散見されます。

「静かにしてください」「前を向きましょう」「話をやめましょう」。これらは全て「直接的指導」です。

せっかく週に一度わざわざ全校児童が集まる朝会です。本来は「間接的指導」で子どもたちに考えさせるチャンスです。ですが，実態は決められた式次第をこなすために，「直接的指導」で教師の指示に従わせ（場合によっては従わず反発し騒いだり後ろで遊んだりする学校もありますが）ている，というのが現状だと思います。

朝会だって立派な教育活動ですから，朝会をやるために子どもがいるのではなく，朝会を通して子どもを伸ばさなくてはいけません。

指導することを明確にする

これは，朝会での現任校の子ども全体の様子，現状をしっかり見て指導することを明確にしなければなりません。

私は，司会の教師の「話をやめて前を向いてください。これから朝会を始めます」という言葉がなければ話をやめようとしない，話を聞こうとしない

子どもたちが「問題」だと考えました。

朝会をしに体育館に集まってきているのは自覚しているはずです。それなのに声をかけられるまでベラベラ話している，というのは「自分から会に参加する」「会をつくる」という自主性に欠けるのです。

この辺りは，「問題」に気付く教師もいれば，「別に声をかけられてから話を聞ければいいじゃない」と問題視しない教師もいます。

先ほどから何度も述べているように，この差は目指す「子ども像」がその場面であるかどうか，に関わっているのです。

後者の教師には朝会での目指す子ども像がないかあいまいで，結果指導すべきことも明確でないのです。

「間接的指導」の具体

私は司会をしたとき，全クラスが揃い，朝会開始時刻になったにもかかわらず話が止まないのを確認し，次のように声をかけました。

「時間になりました。皆さん全てのクラスが揃ったようですね。でもまだ朝会は始めません。というか始められません。もう一つ揃ったら始められますね。何だか分かりますか」

「時間になりました」の言葉で話をやめ，「そろそろ始まるのか」と起立しようとしていた子たちは驚いたような表情を浮かべていました。「いつもと違うぞ……」という感じです。

挙手していた何人かを当てました。

「静かになることです」「みんなが前を向くことです」「みんなの心です」というような考えが出されました。このようなやり取りをしている間に体育館は静粛に包まれています。

私は次のように話し，朝会を始めました。

「そうですね。ただ時間になったら始まるのではないのですね。先生が始めるのでもありませんね。皆が始めるのだと言えますね……。それでは○月○日，朝会を皆で始めましょう。起立」

「間接的指導」とは，「子どもに言わせる」ことである

目指す「子ども像」を明確にすること

どの例も，目指す「子ども像」を明確にしていることが共通点です。

例えば，50ページの例では「しっかり移動する」という子ども像をさらに具体化し，「なるべく素早く並ぶ」「話さず前を向いて並ぶ」「速やかに歩く」という三つに絞っていました。

これだけでもかなり有効です。

「しっかり移動しなさい！」という直接的指導は，「しっかり」という言葉の内実を明らかにせず子どもに指導しています。そうすると子どももどうすれば「しっかり移動する」ことなのか分からないのです。そのため教師と子どもとの間で共有されません。

一方「素早く並ぶ」「話さず前を向いて並ぶ」「速やかに歩く」はそれよりも具体的になっていて，子どももどうすればいいか分かりやすいのです。

これは他の指導にも使える原理です。

例えば音読指導です。「しっかり読みなさい」と伝えるだけでは，子どもはどのように読めばいいのか分かりません。

「ハキハキ」「スラスラ」「正しく」読もうと言えば具体的になります。さらにこれくらい声を出して読むのが「ハキハキ」だよ，と具体的に示すことが重要です。そうすれば子どもと一緒に「基準」を共有できるのです。

そのためには，繰り返しになりますが，まずは教師が目指す「子ども像」を明確にしなければならないのです。

教師が言うのではなく，子どもに考えさせ，言わせる

教師が目指す「子ども像」をはっきりさせたところで，「○○しろ！」と直接伝えては「直接的指導」になってしまいます。

そこで，どの例でも**子どもに投げかけ，考えさせ振り返らせていました。**

例えば52ページの例では，一度通しの練習をした後，「一つ課題があったのだけれど，分かる人いますか」と子どもに考える時間をとりました。

そうして，「伸ばして言っていた」という反省点を子どもから出させていました。**自分のことを自ら振り返らせている**のです。

「間接的指導」で大切なのは，子どもたちに，自分たちを振り返らせ，考えさせ，問題点を自分たちで言わせることです。

いつまで経っても教師が問題点を指摘していては，問題を見つける目が育ちません。

また，教師が問題点を指摘すると自然と「直接的指導」になってしまいがちなのです。

例えば54ページの例で，朝会の開始時刻になったにもかかわらず話を止めない子どもたちに対して，問題点を教師が指摘するとなると「もう開始時刻ですが，話をやめないのはなぜでしょうか」とか「君たちは自分たちで静かにできないのですか」などと言うことになり，「直接的指導」になってしまうのです。

実は，この「子どもに言わせる」ということは「初任者本」でも書いたことです（「初任者本」では「授業づくり編」に書きました）。

授業においては，「教師が教えたいこと」を教師が一方的に話して伝えるのではなく，なるべく「子どもに言わせる」ようにすることは比較的一般的になってきていると思います。

ですから「初任者本」には「授業づくり編」で紹介しました。

しかし，**実はこの原理は子どもを指導する際いつでも使えますし，使っていくべき**なのです。

３年目頃の教師は，授業中のみならず普段の指導から「子どもに言わせる」ことを意識していきましょう。

「自分で言ったこと」に対して「今後どうするか」を考えさせたり教えたりする

「子どもに言わせる」段階は，問題を発見する段階です。

これを子どもができるだけでも大きなことですが，これだけでは問題の解決には不十分です。

問題に対して自分はどうしていくか，ということを一人一人に考えさせなければいけません。

どの例でも**「今後どうしていくか」を考えさせています。**

その上で子どもたちが分からなければ，教師から伝えればいいのです。

例えば53ページの例では，「伸ばして言っていた」という問題点を子どもが発見しました。

「それでは，どうしたらいい？」と子どもたちに尋ねましたが，「切って言う」「止める」などしか出てきませんでした。

そこで，私が「最後に小さい『つ』を入れて読んでごらん」と指導しました。この指導言自体が「歯切れよくセリフを言う」という目指す「子ども像」への「間接的指導」になっています。

子どもたちから出ないからと言って，「最後を伸ばさずに読みなさい」では，「直接的指導」になってしまいます。

なるべく「今後どうするか」についても「直接的指導」は排して指導していくべきです。

いずれにせよ，**「問題点について自分でどうすればいいか考える」というステップは外してはいけません。**

問題点を自分で見つけ，自分で解決策を考える，この繰り返しの中でただの教師の説教と捉えて終わらせるのではなく，「自分ごと」として捉え自分で考える子に育てていくのです。

「間接的指導」は教師の力量形成にもつながる

ここまで「間接的指導」のポイントについて具体例を通して考えてきました。

子どもへの「効果」については先に述べました。

一方，**実は「間接的指導」は教師の力量形成にもよい効果をもたらします。**

そもそも，子どもを勉強でも運動でも掃除でも「やる気」にさせられたら，その教師の仕事の大半は成し得たといえます。

それくらい「やる気」にさせることは難しく，かつ重要なことです。

教師の仕事はシンプルに言えば「子どもをやる気にさせる」ことだと言えるでしょう。

それを成し得るのが「間接的指導」なのです。

考えてみれば，「○○しなさい」という「直接的指導」は教育のプロである教師でなくとも，子どもの父，母など誰でも言えることです。

そして，「勉強しなさい」と言っても勉強しないのが子どもです。

一方，**自分で考えさせながら，自分の意思でやるようになることを目指す「間接的指導」ができることこそ，教師の力量と言えます。**

子どもは本当に「やる気」になれば，休み時間を削ってでも勉強するようになりますし，廊下や階段が汚ければ自主的に掃除するようになるのです。子どもがこのような姿を見せるとき，私が「直接的指導」をしたことは一度もありません。

「間接的指導」で自分の意思で行動を決定させて，「自分がやりたいからやる」からこそ自主的にやるのです。

子どもが強いのは「自分で考え，自分でやると決めたとき」なのです。

このように考えると，「間接的指導」で子どもを目指す「子ども像」に近づけることこそ，教師の力量を形成する，と言えるでしょう。

- **目指す「子ども像」を明確に。**
- **教師が言うのではなく子どもに考えさせる。**
- **問題の発見と解決策をセットに。**
- **間接的指導で教師の力量を形成せよ！**

クラスで何かに徹底的に取り組む

教師が押し付けないこと

ここまで「一人一人の成長」を目指すため，子どもたち自身に考えさせて，自ら行動させていく指導について紹介してきました。

もちろん，**クラス全体で何かに取り組むということも「一人一人」を大きく成長させます。**

と言っても，**教師が「これをやるよ！」と子どもの実態を無視して押し付けるのでは子どもも本気になりません。**

そのため成長もありません。

教師が引き出しをたくさん増やしておき，子どもに合ったものを選択していけるようにするのが理想です。

この項では，私が３年目付近にクラス全体で徹底的に取り組んだものを紹介します。

「大縄８の字跳び」を通して

大縄８の字跳びはやればやるほど記録も伸び，成果が目に見えやすく，クラス全体で取り組むのに適しています。

また，取り組んだことのない先生はあまりピンとこないかもしれませんが，役割が様々あり，自分の役割を果たす喜びを味わわせることもできます。そして基本的には縄一本あればできるので準備もいらず，非常に手軽に取り組めるというメリットもあります。

ある年，クラスの様子を見ていて「これは大縄がハマるな」と思いました。ほとんどの子が「少し練習すれば跳べるようになる」レベルにあり，活発な子が多かったクラスでした。むしろ他の先生からは「やんちゃが集まったクラス」とされていました。

でも，これくらいエネルギーのあるクラスのほうが，こういう運動系でもっていきやすいのです。

案の定，記録はどんどん伸びていきました。

それと同時に，ドラマがたくさん生まれました。

それまで連続で跳べなかった子も必死に練習して，友だちに助けられながら跳べるようになりました。

いつもは引っ込み思案の女の子が，先頭に立候補し，活発な男子を押しのけ皆に選ばれ，自信を深めました。

クラスの中であまり目立たない大人しい男の子が，前の人が引っかかってからのスタートを極め，「リスタートの鬼」と呼ばれ，毎回誰かが引っかかったらその子からリスタートするようになり，脚光を浴びていました。

ここには書ききれないほどのドラマが生まれました。

回数も始めたときの倍近くに伸び，１秒に２回ペースで跳べるようになりました。

もちろん，上手くいくことばかりではありません。

二つ大きな問題が発生しました。「回し手」をめぐってもめたり，休み時間の練習に全員が参加すべきかどうかでもめたりしたのです。

ここでは，**私は静観し，話し合いを見守りました。**

以前，よかれと思って「回し手」を跳ぶのが苦手な子に変更し，それまで回し手だった子が了承してくれたと思っていたにもかかわらず不満を抱いていて，それ以降やる気をなくしてしまう，という手痛い「失敗」から学んでいたからです。

子どもがもめることは普通です。

それを話し合いで自分たちが満足のいく落としどころを見出し，トラブルを乗り越えていく「過程」にこそ価値があるということを学んだのです。そこで，教師が自分の考えでよかれと思って入りすぎてしまうのは，双方の「納得」を得られないということを私は失敗から学んだのでした。

ですから，この年は，私は話し合いを見守りました。

子どもたちは自分たちで解決策を考えました。

「回し手」は，跳ぶ人に跳びやすい組み合わせを決めてもらう。選ばれなかった人は，頑張って跳ぶ，と決まりました。

教師からしたら一見，「選ばれなかった子は大丈夫かな」と思うような決定でしたが，これが奏功し，回し手に選ばれなかった子もめげずに練習し，連続で跳べるようになり，クラスはより活気づきました。

大人が思っているほどヤワではないのです。

また，練習については，子どもたちで話し合って「全員参加の曜日を決め，その他の日は自由参加」となりました。これに関しても，「それでいいのかな」と思いました。しかし，子どもが決めたことなので，見守りました。

休み時間の練習に「休み」ができたことで，メリハリをつけて練習に取り組めるようになりました。

このように，子どもたちは「大縄」を通して一人一人が成長するとともに，様々なトラブルを自分たちで乗り越える経験をすることができたのです。

クラスで何かに徹底的に取り組むことにはこのようなよさがあるのです。

なお，大縄８の字跳びの指導に関しては，日本ロープスキッピング連盟『基本から大会まで　勝つ！長なわ　８の字跳び　最強のコツ』メイツ出版（2018）が詳しいのでご参照ください。

「クラス祭り」を通して

また，ある年担任した子たちは非常に「企画」が得意でした。自主的に休み時間に１年生をクラスに招き，劇をするなどしていました。

そしてある日，一人の男子が「先生，学校中の人を招いてクラスでお祭りをしたいです」と言ってきました。グループに分かれ，屋台を出し，学校中の子どもたちを楽しませたいと言うのです。

私は次のように言いました。

「とてもいいアイディアだね！本気なら企画書を書いて，持っておいで。それでOKなら，今度は校長先生に許可をもらいに行きなさい。他の先生には，私がお願いしてみるよ」

彼は目を輝かせていました。きっと「そんなこと勝手にできないよ」と否定されると思ったのでしょう。

当時の勤務校には「他のクラスには入らない」というルールがありました。なので，校長先生に許可を取りに行くことを指示しました。また，学年のほかの先生方にも許可を得られるようお願いをしておきました。

子どもの創造力が高いクラスでは，考えてくる企画も規模がとても大きくなってきます。そのとき，「どんどんやりなさい！」と放任してやらせてしまうのも，「そんなことできないよ」と頭から否定するのもよくありません。

前者は，他の先生や子どもから顰蹙を買うことがあります。子どもの企画がルールや慣例を破ることもあるからです。後者では，子どもの企画力や創造力が伸びません。教師がうまく「根回し」しておき，子どもがやりたいことをやれる環境を整える努力をするのです。

さて，「クラス祭り」は大盛り上がり。200人以上の来客があることもありました。チラシをつくって宣伝すること，下級生に優しく接すること，恥ずかしがらずにお客さんの前でパフォーマンスすることなど，子どもたちはたくさんのことを学ぶことができました。

このように，「クラス全体で何かに取り組む」といっても，目の前の子どもたちに合わせて取り組んでいくことが重要です。上手くハマったとき，子どもが想像以上のものを創り出します。

・何に徹底して取り組むかは子どもをよく見て決める。
・教師が「根回し」をして，子どもがやりたいことをやれる環境を整える。

Chapter

3

授業で「勝負」できる教師になる！

クラス全員に力をつけるための授業づくり編

クラスの「育ち」は授業に表れる

育っているクラスとは……

教師は，よく「クラスが育っている」と表現します。

自分から挨拶ができる，友人関係が良好など，子どもたちの様々な状態を指して使われている言葉です。

その**「育っている」という状態は，授業においてこそ見られてほしい**ものです。

学校の本来の役割である，子どもに力をつけるということに直結するのが授業だからです。

「一人一人」が「育つ」ということ

私は，2年目と4年目に5年生をもちました。

その境の3年目に，私は「一人一人を成長させなくては！」と決意し，一人一人を育てることを意識するようになりました。

その「差」は授業での子どもの姿に表れました。

5年生の国語，「天気を予想する」（光村図書）の授業でのことです。単元の1時間目，初読の段階では「問いの文を予想しよう」と，題名だけを見せて，そこからどのような問いの文が出せそうか予想させました。この教材の特性は，「問いの文」が三つ（「的中率はどうして高くなったのでしょうか」「天気予報は百パーセント的中するようになるのでしょうか」「突発的・局地的な天気の変化を予想するためにできることはないのでしょうか」）出てきて，それらが連続して繋がっていき，説明文全体を構成しています。説明していきながら次の問いを生んでいく，という説明の特徴があるということです。その「つながり」を捉えさせたくて，私は問いの文を予想させ，それらがどの順序でつながっていくかを考えさせたのです。

さて，授業の実際ですが，２年目にもった５年生と４年目にもった５年生とではどのような違いがあったのでしょうか。

もちろん，その境の３年目に私にとっての契機が訪れていますから，当然クラス全体を見て「育って」いたのは４年目のほうでした。

違いは一人一人に表れました。

この授業では，「問いを予想する」段階が難しいところでした。

２年目のクラスでは多くの子が意見を書けず，諦めてしまっていました。そのためほとんど意見が出されず，次の段階へ進みました。と言ってもこの時間の中で大切なのは，「問いのつながり」を考えることだったので，この後私が正解の三つの問いを示し，その順序を考えさせることに時間を費やしました。順序を考えること自体は，難易度はそこまで高くないので，この後は子どもたちも活発に意見を出し，ねらい通りに授業進めることができました。

一方４年目のクラスでは，悩みながらも諦めずに考え抜き，全員がきちんとノートに自分の考えを書き，「問いを予想する」段階でもたくさんの意見が出されたのです。もちろん，この段階でたくさんの意見が出たので，その後の展開も活発に意見が出され，進められました。問いの文三つを自分たちで分析し，「的中率」に関しては恐らく科学の進歩で確定していることだから先に述べて，「突発的・局地的な天気の変化」についてはまだ解明されていないから後で述べるのではないか，という仮説を立てているのには，正直驚きました。

このように，クラスの「育ち」は授業でこそ表れるのです。

・授業で「育っている」と言われるクラスを目指せ！
・一人一人を育てることは「よい授業」につながる。

「授業」で勝負できるクラスづくり

授業で子どもを育て，クラスをつくる意識を！

「Chapter 1 心得編」にて，3年目頃からは本格的に授業で勝負する時期だ，と述べました。

教師の本分である授業でこそ，子どもを育てられるからです。

例えば，Chapter 2で「クラスで何かに徹底的に取り組む」（p.60）ということを紹介しましたが，それだけではやはり不十分です。

子どもたちが学校に来ているからには，「学習における一人一人の成長」を欠かしては，本書に度々出てくる「一人一人の成長」など到底達成できません。

「学習における成長」を保障するのは当然授業なのです。

そして，それ以外のことだって，ほとんどが授業中に指導していくことになるのです。

例えば，「人の話をきちんと聞く」「人の意見を尊重する」「自分の考えを堂々と主張する」，これらのことは学級経営上重要なことです。

果たしてこれらは学校生活の中でいつ教えることでしょうか。

授業中に他なりません。

この時間は「授業」だけ，この時間は「学級経営」だけ，と割り切れるものではないのです。

そうだとすれば，**年間1000時間以上もある「授業」でどちらも達成していくことを考えたほうが効率がよい**のです。よく「授業と学級経営は両輪」と言われますが，それはこういう意味なのです。

こだわりの教科を徹底的に！「授業で勝負する」とは……

さて，「３年目は授業で勝負する」と述べましたが，言葉だけでそれを語っても仕方がありません。「授業で勝負する」の具体像をもちましょう。具体的にどのようなレベルを指すのでしょうか。それは，次のような姿です。

【教師の姿】

・自分のこだわりの教科を徹底的に研究しようという気概をもつ。
・自分のこだわりの教科で，自分なりに教材に向き合い，指導書に頼らず自分なりの「指導の方向性・ねらい」をつくれる。
・子どもがどう考えるかを推測し，それをもとに「授業展開」をつくれる。
・自分なりの指導計画に基づいて実践し，それを振り返り，ひとまとまりの文章（レポート）としてまとめることができる（それを全国的な教育賞に投稿するなどして，力試しするとなおよい）。
・力量のある先輩に自分の授業を見てもらったり，研究会で実践発表したりするなどして，他者から自分の実践の批評を受ける。

【子どもの姿】

・授業が終わった後も授業の話をしている。
・空いている時間に学習に取り組む子がいる。
・単元テストでは90点を下回る子はいない。
・授業中にイキイキした姿が見られる。

上のような教師像・子ども像をもち，授業実践に取り組んでいきましょう。

・授業でクラスをつくる意識をもつ。
・「授業で勝負」することの具体像をもて！

「こだわりの教科」を徹底的に

「こだわりの教科」を決めよ

「初任者本」にも，「こだわりの教科を決めよ」ということは書きました。

「授業で勝負する」べき３年目頃になっても，まだ定まっていない場合，早急に決めましょう。

そもそも研究・研鑽というのは，徹底的にある「視点」をもって自分を高めていくことです。

しかし，自分なりの「こだわり」が決まっていないということは，その「視点」が定まっていないということです。

小学校教師であれば，基本的に全教科を教えなくてはいけません。

その中で，全ての教科を全力で教材研究し，指導構想を練り，授業を行い，振り返りをする，というのは残念ながら不可能です。

だから，**ある程度「視点」を決めて，研究・研鑽をしていく必要がある**のです。例えば「自分は書くことの指導にこだわろう！」という具合です。

その「視点」の一つが，小学校教師にとっては「こだわりの教科」ということになります。

一つ「視点」が定まれば，それを高めようと「この教科の授業だけは自分で一から教材研究してみよう」などと研究・研鑽ができるようになります。

しかし，「視点」が定まらなくては，ずっとボーっと過ごしていくことになります。この差は大きなものです。

まずは，「自分はこれでいく！」と決めることです。

「こだわりの教科」の決め方

とは言っても，なかなか「こだわりの教科」を決められない人が多くいます。

私は研究会やサークルなどで多くの教師と会うほうだと思います。初対面の方にはよく「ご専門は何ですか」とお聞きします。

すると，多くの先生方が自信なさげに「一応〇〇ですが……」とか「いやあ特に専門は……」と言われます。なかなか専門を決められず，いろいろな研究会を「漂流」している先生も多くいます。

もちろん，全ての教科の指導においてスペシャルな力をつけられている「スーパー教師」も中にはいます。

しかし，全員がそうなれるわけがありません。

やはり私は，「こだわりの教科」をもつべきだと思います。

そこで，「こだわりの教科」の決め方について私見を述べたいと思います。

ひと言で言えば**「自分が得意な教科か苦手な教科」にすべき**だと思います。

子どもに指導するからには，自分ができるほうがいいに決まっています。「自分ができる」ということは，そのことに関して自分なりの「気付き」や「コツ」などを既にもっている場合が多いからです。

例えば，器械運動のマット運動が得意な場合，「どうすれば倒立がうまくいくか」などを，既に自分なりに知っているということになります。であれば，そうでない場合と比べ，授業で実際に子どもに教えていきやすいものです。教師自身が「気付き」をもつということは，実は授業を構想したり実際に指導したりする際，非常に重要なことです。

しかし，これを知らない場合，とにかく「やってみて」気付きを得ないといけません。なかなか大変な作業です。

このように，「自分が得意な教科」というのは「こだわりの教科」としてふさわしいのです。

一方，「自分が苦手な教科」も「こだわりの教科」にできます。

実際に指導する際，どうしても「苦手な子」がいます。教師自身が得意だと「なぜこの子はできないんだろう」と疑問をもちますが，教師自身が苦手だと，「きっと自分と同じでこういうところがよく分からないのではないか」と共感的に考えることができるのです。

かく言う私は後者タイプで，「苦手な教科」を「こだわりの教科」にしました。

私の専門は国語科「読むこと」ですが，小学校の頃，どうしても「読むこと」の授業が苦手だったのです。「登場人物の気持ちを考えましょう」と言われても，「そんなこと分からない」と思い，興味ももてなかったことを今でも思い出します。

だから，そのような子たちの気持ちが痛いほど分かります。そのため，授業ではなるべく「読み取りましょう」と子どもに丸投げするのではなく，「どうしたら読み取れるか」を教えるようにしています。

このように，「こだわりの教科」は，教師であるあなた自身が，自分の個性を生かして決めていけばよいのです。

繰り返しになりますが，とにかく「こだわりの教科」を決めましょう。そこから始まります。

「こだわりの教科」のこだわりの領域を決める

さて，「こだわりの教科」が決まったら，次は**「こだわりの領域」を決めましょう。**

１教科だけでもまだまだ「視点」が広すぎて，なかなか「徹底的に」研究するというところまでは至れないからです。

国語科であれば「読むこと」「書くこと」など，算数であれば「計算力」「数学的な思考」など，体育であれば「ボール運動」「器械運動」など，「自分がこれだけは徹底的に取り組む」ということを決めましょう。

ここまで決めるだけでも，そうでない場合と比較すると大きな差です。**「その教科・領域で自分は絶対に全力を注ぐ」という気概ができている**はずです。

「徹底的に」とは

こだわりの教科のこだわりの領域は，「徹底的に」取り組むことです。

「徹底的に」とは，どれくらいのことを指すのでしょうか。

それは，関連する本を何冊か読むとか，各自治体の教科研究会に所属するなどといったレベルの話ではありません。

その教科・領域に関する実践については自分の言葉で，他の教師に語るあるいは指導することができ，全国的な研究会などでもある程度の提案性をもって実践発表できるくらいのレベルです。また，**子どもたちの姿を見ても，その教科・領域の学習で明らかに意欲が高まっていて，さらに実際に力もついているという「子どもの事実」も第三者から見ても明らか，というレベル**を指します。

これぐらいのレベルになれば「授業で勝負」していると胸を張って言えます。

上のようなレベルに達するには，**「自分なりの実践」を創ること**です。

誰かが考えたことではなく，自分の頭を使って一から教材研究し，一から「指導の方向性やねらい」を立て，「子どもの思考」を推測・想定して授業展開を考え，実際に授業をします。

そしてそれを徹底的に「振り返り」，他者から実践に関して批評を受けます。その後また次の実践の教材研究をして，「指導の方向性やねらい」を立て……と研究のサイクルを繰り返していくのです。

これは文章にすると簡単で単純なようですが，このサイクルを１年間ないしは数年間繰り返すことは並大抵のことではありません。

なかなか大変なことですが，やれば必ず力がつきます。

「徹底的に」取り組む，というのはこれくらいのことを言うのです。

- **「こだわり」をもつことは「視点」を定めること。**
- **まずは「こだわりの領域」を決めよ。**
- **「こだわりの領域」では全国レベルを目指せ。**

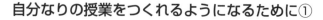

自分なりの授業をつくれるようになるために①

教材と学習指導要領の両面から「指導の方向性・ねらい」をつくる

自分なりの実践を創るために……

「初任者本」では指導書に頼っていい，と書きましたが，３年目頃からは，自分の実践を創り，「授業で勝負」するために，**指導書通りに授業することは卒業しましょう。**

その際，**「指導のねらい」も自分で設定できるように**しましょう。

「初任者本」では「ねらい」は指導書のままでも構わない，と書いていました。しかし，３年目頃からは自分なりの実践をつくる際，ここから自分で設定できるようにしましょう。「ねらい」は授業をつくる際最も根幹となることです。ですから，**この点からしっかり自分で考えることで，本当の意味で授業全体を自分でつくれるようになったといえる**のです。

自分なりに教材に向き合い「気付き」を得る

教師自身が教材と真正面から向き合うことこそ，自分なりの実践を創るために最も重要なことです。

ここで**最重要視して向き合うべきなのは「教科書」**です。「指導書」「赤本」ではありません。「指導書」や「赤本」は，教科書編集会社から依頼された教師が執筆しています。ということは，それらはその執筆した教師の「実践」なのです。

目の前の子どもとの実践を創れるのは，その子どもと毎日付き合っている教師，あなた自身なのです。ですから「指導書」よりもまずは使用義務のある「教科書」を教師自身がしっかり読み込みましょう。

そして，**とにかく教師自身が「やってみる」ということを大切にしましょう。**国語科であれば教師自身が本文を読んでみる，体育であれば教師自身がその運動をやってみるのです。その中で得たものこそ，あなたにしか教えられないことなのです。

例えば，私の専門は国語科です。力を入れたい教材は数ヶ月前から印刷して常に持ち歩き，通勤の電車などで読むようにしています。「やってみる」うちに**教師自身が「これはなぜだろう？」とか「これはこういうことか！」という「気付き」を得ます。それが自分なりの実践構想に繋がる**のです。例えば，体育であれば実際に自分がやってみて，「倒立はあごを使って体のバランスをとるのか！」などという「気付き」を得るのです。

また，先述した国語科「天気を予想する」の実践は，私が教科書を読み込んでいる段階で「問いの文が連続してつながっている！」という「気付き」から生まれたものです。指導書などには書いていない実践です。

「ねらいづくり」は教科書と学習指導要領の両面が基本

教科書と並行して読み込むものは「学習指導要領」です。

教科書を読み込んでいて，いくらよい「気付き」を得られてもそれがあまりにも突飛すぎたり，枝葉の部分であったりしては意味がないのです。

そのため，自分のこだわりの教科の学習指導要領を合わせて読み込み，常に自分のやろうとしていることは学習指導要領から外れていないか，しっかり確かめながら指導構想を練るようにします。

3年目頃のまだまだ若い教師は，しっかり学習指導要領を読み込むようにしましょう。

そこから，自分が今こだわろうとしている教科で求められる力や系統性をつかむことができるからです。

また，学習指導要領を読み込んでおけば，自分の今からやろうとしている指導について他の先生や保護者に「説明」することができます。

つまり，**説明責任を果たせるようになる**，ということです。

「こだわり」の教科で自分なりに教材研究して，目の前の子どもの実態に合わせながら自分なりの実践を創ろうとすれば，他のクラスとやり方が違ってくることもあります。

そんなときに，管理職や保護者に対して「これはこのような意図があり，学習指導要領の○○という記述に基づいてやっています」というような「説明」ができることは非常に重要です。

このように，自分なりの実践を創る際は，学習指導要領をしっかり読み込むようにしましょう。

ちなみに，私は学習指導要領を全てダウンロードし，すぐにパソコンやタブレットで読めるようにしています。

学習指導要領の記述を「教室の子どもの姿」レベルに具体化する

学習指導要領の記述は「抽象的」です。例えば，先ほどの「天気を予想する」に関わる指導要領の記述は次の通りです。

「事実と感想，意見などとの関係を叙述を基に押さえ，文章全体の構成を捉えて要旨を把握すること。」（学習指導要領　国語　第５学年及び第６学年　Ｃ読むこと　(1)アより引用）

この記述を読むと，求められることが分かった気になります。最大公約数的に，「抽象的」に書かれているから，分かった気になりがちなのです。

しかし，**このような抽象的な子ども像をもつだけでは，教師の指導は明確になりません。**

同じような話，前にも出てきましたね。

そうです。前章でも「目指す子ども像」を明確にすることで教師の指導が変わる，ということを述べていました。

授業でも同じなのです。

例えば，「文章全体の構成を捉え」と指導要領にありますが，それは実際に子どもがどのような姿になっていれば「文章全体の構成を捉えている」といえるのかを，突き詰めて考え**「教室での姿」レベルで具体化する**のです。

私は「文章全体の構成を捉える」ということは，子どもが「文章と文章とのつながりを捉えて，自分なりの言葉で説明できる」ということだと具体化しました。文章の構成とは，簡単に言えば「つながり」に他なりません。

授業のねらいを創る全体像

目指す子ども像が決まれば，あとはそれと教材に向き合って得た「気付き」とをすり合わせて「指導の方向性・ねらい」を決定します。

「天気を予想する」では，私なりの「気付き」である「問いの連続性」と指導要領をさらに具体化した「子ども像」とをすり合わせて，「問いと問いとのつながりを捉えさせる」と指導の方向性を決定しました。その上で「この学習で目の前の子どもたちはどのように考えるか」ということを考えながら授業展開を考えていきます（このことは次項で詳しく述べます）。

これまで述べてきたことを図式化すると，次のようになります。

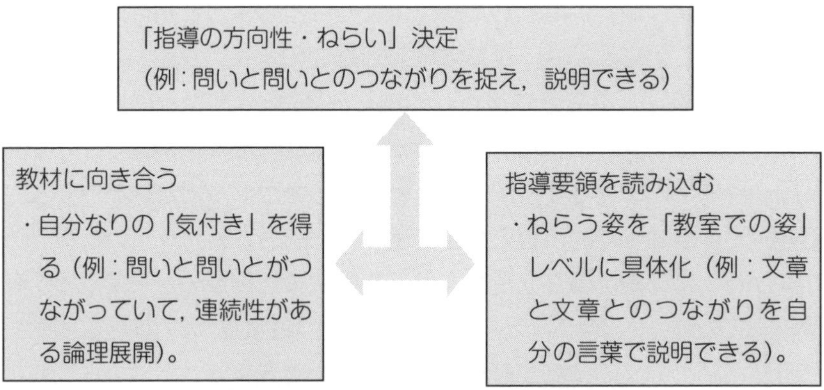
「指導の方向性・ねらい」決定
（例：問いと問いとのつながりを捉え，説明できる）
教材に向き合う
・自分なりの「気付き」を得る（例：問いと問いとがつながっていて，連続性がある論理展開）。
指導要領を読み込む
・ねらう姿を「教室での姿」レベルに具体化（例：文章と文章とのつながりを自分の言葉で説明できる）。

【指導の方向性・ねらいの決め方】

・教材に向き合い，教師自身が「気付き」を得ること。
・指導要領をしっかり読み込み，抽象的な文言を「教室での姿」レベルに具体化せよ。

自分なりの授業をつくれるようになるために②

子どもの思考を推測・想定して授業展開を考える

「子どもはどのように考えるか」を推測・想定する

前項では「指導の方向性」「ねらい」を設定するために，「教材と向き合うこと」「指導要領を読み込むこと」が重要だと述べました。この両面から考えることで「指導の方向性」が決まります。

しかし，これだけで授業はつくれません。

それを授業でどのように実現していくかという問題が残っています。「ねらい」だけが決まっていたとしても，子どもにどのように投げかけたらよいかなどを考えていなくては，授業は成立しないのです。

例えば，先の「天気を予想する」の例で言えば，「問いと問いとのつながりを捉えさせたい」という指導のねらいが設定されたとはいえ，子どもたちに「問いと問いとのつながりについて考えましょう」などといきなり投げかけても，できない子が続出してしまいます。

ですから，まず問いの文を予想させて問題意識を醸成しました。その後，正解の三つの問いの文を提示し，その順序を予想させたのです。これなら全員が自然と問いの文のつながりを考えることができます。

このように，**目の前の子どもに合わせて，授業の展開を考えていく必要がある**のです。

よく「子どもの実態に合わせる」と言いますが，**重要なのは，「目の前の子どもたちはどのように考えるか」と教師が推測・想定すること**です。

「この発問だと難しすぎるかな」とか「この展開だと思考が繋がらないな」

などと，普段接している子どもたちの目線に立って，授業を考えることです。

「すがたをかえる大豆」実践から

光村図書３年生の国語の教科書に「すがたをかえる大豆」という説明文があります。この実践を通して「子どもの思考を推測・想定する」ということについて述べましょう。

この説明文は，大豆が様々な食品に姿を変えているということを説明しています。例として本文に出てくるのは「豆まきの豆，煮豆，きなこ，とうふ，なっとう，みそ，しょうゆ，えだ豆，もやし」です。これだけたくさん出てくれば十分と思われがちですが，まだ出てきていない食品があります。

豆乳や油揚げ，湯葉などです。

子どもたちの生活から考えてみると，湯葉は身近ではないですが，豆乳や油揚げはむしろ説明文に出てくる煮豆などよりも身近だと考えました。きっと，説明文を読む前に子どもたちに「大豆からできている食品知っているかな」と聞けば豆乳や油揚げも出てくると，私は想定しました。

案の定，第１時で説明文を読む前に尋ねると，豆乳や油揚げも子どもたちから出されたのです。

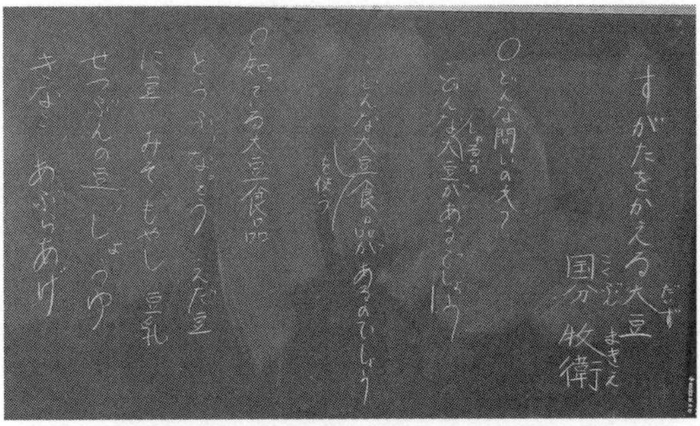

このように「目の前の子どもならどう考えるか」と想定することがとても重要となってきます。これを生かして，授業づくりを進めるのです。

「推測・想定」を生かした授業づくり

さて，ここまで紹介した「推測・想定」をその後の授業にどのように生かしたのでしょうか。

第１時で「豆乳と油揚げ」を子どもたちから出させておいて，その後の授業では説明文本文に出てきた事例について数時間読み取りました。

そしてその後「大豆からできている食品って他にもあったよね。そう，みんなも単元の最初に言っていた油揚げと豆乳だね。筆者は知らなかったのかな」と尋ねました。

すると子どもは「いや絶対知っているよ！ダイズの研究をしているって書いてあるし！」とすごい勢いで反論してきます。これも想定通りです。

そこで私は「じゃあ，なんで書かなかったのかな。みんなは，書かなかった筆者に賛成かな。今日はそれを考えてみよう」と投げかけました。

子どもたちは熱心に２時間にわたって議論しました。

次のような意見が出されました（板書は油揚げについて話し合った時間）。

「豆乳は他の食品に比べるとあまり有名ではないから外したのではないか」

「豆乳は豆腐をつくる前のもので，これも書くと逆に分かりにくくなるから外したのではないか」

「油揚げは大豆食品である豆腐をさらに変化させたもので，これも書いてしまうと，例えば，大豆食品であるしょうゆを使ってつくった料理なども書かないといけないのではないか」

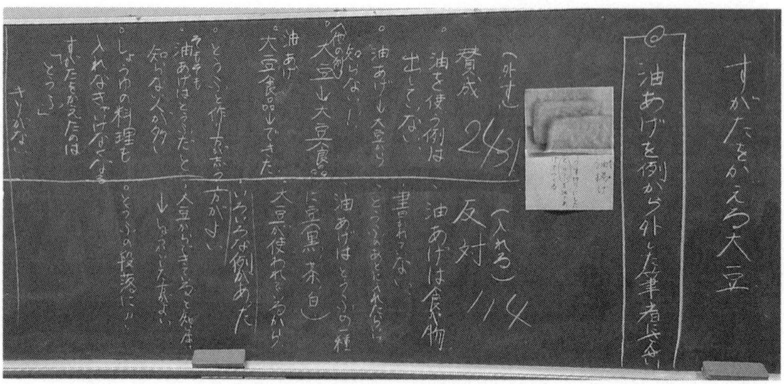

３年生の子どもたちがここまで「筆者の意図」について議論したのです。

これも，「子どもたちがどのように考えるか」をしっかり「推測・想定」しておいたから，自然と議論を生み出すことができたのです。

「指導の方向性・ねらい」と「推測・想定」の両面から

前項で述べた「指導の方向性・ねらい」と目の前の子どもはどのように考えるかという「推測・想定」をしっかりすり合わせながら授業展開を考えていくことが重要です。

いくら**「指導の方向性・ねらい」がしっかり設定できても，「推測・想定」がダメなら授業は機能せず，結果的にねらいも達成できません。**

逆に「推測・想定」が完璧で，授業が想定通り展開したとしても，「指導の方向性・ねらい」がしっかり設定されていなければ，**授業が盛り上がっただけで成果はなし**，ということになりかねません。

今回の「すがたをかえる大豆」で言えば，「指導の方向性・ねらい」は，「筆者が意図的に事例を選択している」という私なりの「気付き」からスタートしています。

そして，このことは学習指導要領に照らし合わせ，３・４年生で重要な「事例」を読み取ることをさらに具体化し，「筆者がなぜこの事例を選択したのかを考える」という「教室での姿レベル」にし，「指導の方向性・ねらい」を決定しました。

これを子どもたちとの授業で機能させるために，子どもの思考を「推測・想定」し，「子どもたちに身近な豆乳や油揚げ」を取り上げることにしたのです。

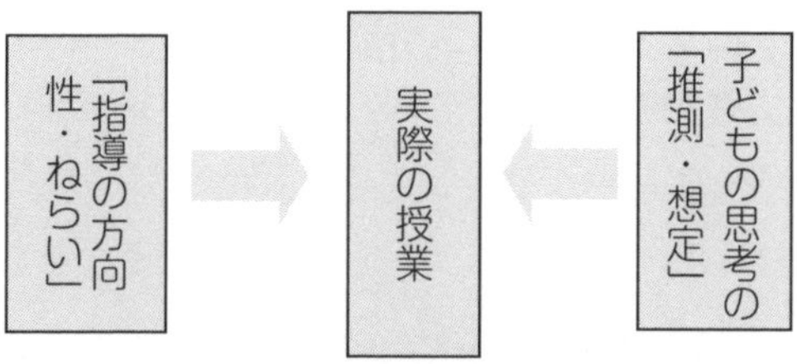

・目の前の子どもの思考を推測・想定し，発問などを組み立てる。
・「指導の方向性・ねらい」と「子どもの思考の推測・想定」をすり合わせて授業をつくる。

授業力を高めるためには振り返って「文章化」すべし

「やりっぱなし」は禁物

これまで紹介してきたように，せっかく「自分なりの実践」を創って授業をしても，それで終わっていては教師にとっての学びは小さくなってしまいます。

専門家とは「原理・原則を現場に適用する存在」ではなく，「現場の状況変化に応じてその都度省察的に意思決定をし，行為を決めていく存在」であると主張したのはドナルド・ショーン（2007）です。

だとすれば，**教育の専門家である教師にとって「振り返る」という行為は力量を高めていく上で欠かせません。**

力を入れた実践は必ず「振り返る」ようにしましょう。

いくら「うまくいったな」と手応えのあった実践でも，それを振り返らずに「やりっぱなし」にしてしまうと，段々忘れていってしまいます。きちんと振り返って記録に残していくのと忘れてしまうのとでは大きな差が生まれます。

忘れてしまっては，「やっていない」のとさほど変わらないのです。

また，きちんと「振り返り」，記録に残そうとすると，授業をしていたときには気付かなかったが，記録を書いているときに気付く「新たな」発見があります。これが非常に大きいのです。授業をしているときは夢中でしています。それを後で冷静な目で見つめると，気付くことがとても多いのです。

「初任者本」でも，「ミニ授業記録を書こう」ということを示しました。本書では，さらに本格的に授業記録を残していく方法を紹介します。これらを書くことは「自己研鑽」にもつながりますので，詳しい書き方は，Chapter6の「自己研鑽編」をご覧ください。

大きく分けて二つ紹介します。

一つが，1時間の授業を記録に残す「授業記録」です。これは，授業後，その日のうちに記憶を頼りに，授業の記録を書くことです。1時間の授業を展開する力，子どもとの応答力を磨きます。

二つが，1単元の実践を記録に残す「実践レポート」です。これは，一つの単元を終えた後，その記録を書くことです。一つの単元を構成する力，1時間ずつの授業と授業とを繋いでいく力を磨きます。

「授業記録」に残す

まず，1時間1時間の授業を記録に残す「授業記録」から紹介します。

私は群馬の深澤先生から，「授業が上手くなりたければ，授業記録を書くしかない」と教わり，3年目頃から始めました。やり方は以下の手順です。

①1時間の授業の流れを，「子どもの思考を推測・想定」し，きちんと立てる。
②授業を実際に行う。このとき，録音や録画しておくとよい。
③授業後，記憶を頼りに授業記録を詳細に書く。この際，「発問」「指示」「説明」「子どもの発言」「人数」「子どもの様子」「反省」を書いていく。
④授業記録を書いた後，1時間を総括して考えたことを書く。

文字にすると簡単なように見えますが，これが非常に難しいのです。

深澤先生に言われて初めて授業記録を書いたとき，私はほとんど書けませんでした。思い出せないのです。

録音や録画したものと，私が書いた授業記録とを照らし合わせてみると，子どもの誰が発言したとか発言内容などはおろか，自分の説明したことや指示したことすら鮮明に思い出せていないことが分かりました。

私はこのとき，「自分はなんて無意識でボーっと授業をしていたのだろう」と思いました。「無意識」で授業をしているから，思い出せないのです。

それから，授業の様々な場面で「意識的」に言葉を発したり，子どもの様子を見るようにしました。

１年ほど続けると，それなりの授業記録が書けるようになりました。

最初と違い，「意識」しているからこそ，覚えているのです。

授業への「意識」を変えるのがこの「授業記録」だと言えるでしょう。

なお，授業記録の書き方に関してはChapter６「自己研鑽編」の「授業記録で力量を高める」（p.136）でも紹介していきます（下は実物例。この記録約４枚で１時間授業分）。

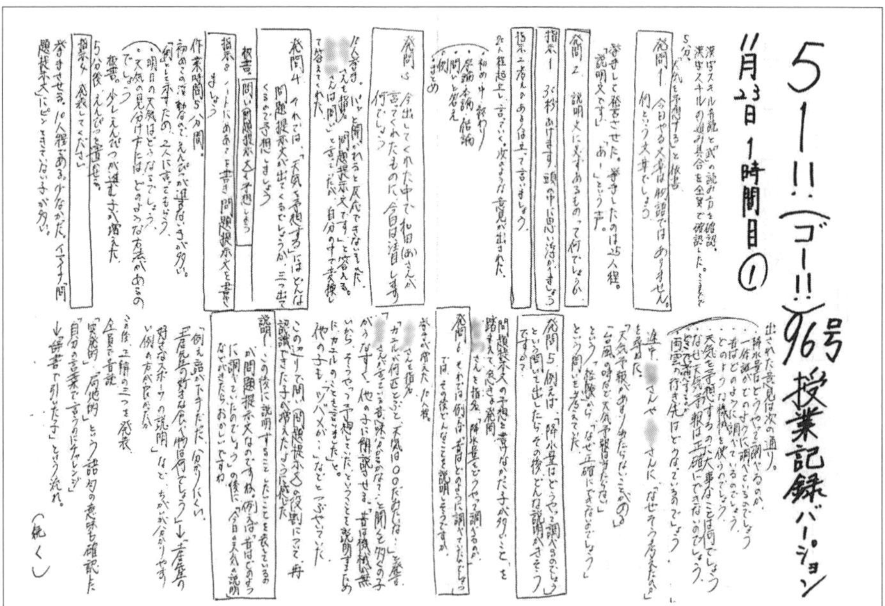

実践レポートに残す

次に，一つの単元あるいは領域（「書くこと」など）の実践を記録に残すのが「実践レポート」です。これを書くことによって，単元全体を構想する力を磨きます。実践レポートの書き方の手順は，以下の通りです。

①どのようなコンセプトの単元にするのかを決める（例：「対話的な活動を用いた説明文の指導」など）。
②そのコンセプトに従って単元構想を練る。
③実践を行う。この際，教師の主な発問，指示，説明と子どもの主な反応をしっかり記録しておく。
④授業実践を終えたら，レポートにまとめる。
⑤レポートに書くべき項目は以下の通り。
・「はじめに」：どのようなコンセプトのもと行った実践なのか。自分の問題意識を書く。ここが最も重要である。
・「手立て」：自分の問題意識にどのような手立てで迫ったかを書く。ここが最も工夫のしどころである。また，教師が実際に子どもに投げかけた言葉などを「具体的」に書くことが求められる。
・「子どもの様子」：手立てに対する子どもの反応を具体的に書く。よくできている子だけでなく，その領域が「苦手」な子の変化を詳細に追えるとなおよい。
・「成果と課題」：実践全体を総括して成果と課題をまとめる。

なお，実践レポートの書き方については，Chapter６「自己研鑽編」の「実践レポートで力量を高める」（p.132）でも紹介していきます。

・「やりっ放し」は禁物である。
・１時間の授業は「授業記録」で振り返る。
・１単元，１領域の実践は「実践レポート」で振り返る。

サボリを見抜き，「全員参加」させる気概をもて

「授業構想」と「子どもを育てる」という両面から

ここまではどちらかというと，授業をどうつくり，振り返って高めていくかという，「授業構想」とか「授業づくり」といった面について述べてきました。

しかし，**授業はそういった教師側の面だけでは成り立ちません。**

子ども側の面も考えていかなくてはいけません。

いくらよい授業構想をしたところで，子どもが自分の意見を全く言わない，積極的に取り組もうとしない，というような「冬眠型崩壊」のような状態であれば，よい授業にはならないのです。

つまり，下の図のように，よい授業は子どもの「学ぶ姿勢」と教師の「授業づくり」の両面が噛み合って初めて成立するのです。

「クラスの『育ち』は授業に表れる」の項（p.66）でも紹介した，私の５年生の同じ授業でも，２年目よりも４年目のクラスのほうが様々な意見が出てきてレベルが高かったという話は，**実は「子どもの学ぶ姿勢」の高まりに起因するところが大きい**のです。

全員を参加させるには，個を育てる！

「子どもの学ぶ姿勢」を育てる，ということは，平たく言えば「全員を授業に参加させる」ということです。

要は，一人一人に「サボらせない」ということです。

私は，年度初めから子どもたちに「できるのにやらないのは恥ずかしいことだ」ということを伝え続けます。

高学年になればなるほど，「その気になればできるのにやらない」という状態の子が増えてきます。例えば，自分の意見を書いているのに言わない，音読ですらボソボソと聞こえない声で読む，などです。

「冬眠型崩壊」はこの状態が進行し，クラスのほとんどの子がそうなってしまった状態です。

「できるのにやらない」というような「サボリ」を放っておいて，授業構想ばかりやっても，空転する場合がほとんどです。

ですから，「サボリ」を見抜き，それをさせないようにしていくようにしましょう。つまり「冬眠的忍耐型学級崩壊」傾向と戦うということです。

例えば私の場合，年度初めは「その気になれば全員ができること」を求める場面を意識的にたくさん設けます。

例えば，授業の初めに必ず「前回はどんなことを学習したかな。言える人」と尋ねます。

「前時に学んだこと」であれば，全員，ノートを見れば分かることです。この発問で勢いよく挙手する子を増やしていくのです。

一気に全員が手を挙げるわけではありません。個人が葛藤しつつ「やろう！」と立ち上がっていき，それが多数派になることで，クラス全体が「やれることはやろう！」という姿勢になっていくのです。

- **「子どもの学ぶ姿勢」を育てることと「教師の確かな授業づくり」はよい授業をつくる上での両輪だ！**
- **全員参加を促し，個を育てる。**

授業で「イキイキ」をつくれば自ら学ぶ子が育つ

授業で子どもの「イキイキした」姿を引き出したら勝ち！

教師がどのように工夫したとしても，子どもにとって「休み時間」や「給食」のほうが授業よりも楽しみであるのは事実です。子どもが「イキイキ」している姿を見せるのはそのような時間が多いものです。

しかし，**授業中にこそ，そのような「イキイキした」姿を引き出せるように**，頑張りましょう。

そうすることができれば，教師の「勝ち」です。

一人一人の子どもがそのような姿を授業中に見せているクラスは，間違いなく素晴らしいクラスですし，３年目頃からは少しでもそれに近づけるように努力すべきです。

子どもが楽しめて，なおかつ力がつく学習を考える

子どもが「イキイキ」する学習活動を考えてみましょう。どんな活動にすれば子どもが楽しめるかを自分の頭を使ってよく考えるのです。

ここで注意点が一つがあります。

それは，**「学習のねらい」がしっかりあること**です。その活動を通して子どもにつけさせる力がねらいとして存在していることが絶対条件です。

これがないと，子どもが「イキイキ」したとしても，それはただの「ゲーム」や「お遊び」に成り下がってしまいます。

プロの教師を目指すのであれば，子どもが「イキイキ」しつつ，子どもに

しっかり力のつく学習を考えなくてはいけないのです。

子どもに本当に力がつく活動を考案せよ

具体例を挙げます。

私は，教師になって３年目に１年生を担任しました。

国語科で「ぶんをつくろう」という一文を書く単元がありました。指導計画では，４時間ほど扱って終了でしたが，それだけでは全員がスラスラと一文をつくることができるようにはなりませんでした。

そこで，一文をつくる活動を毎時間の国語の授業に数分間取り入れたのです。そして，単に文をつくるだけでは面白くないので，主語を子どもたちから募集し，それをくじ引きにし，その時間のお題を決めることにしました。

これが，「主語くじによる一文づくり」活動です。

その日にくじで決定した主語で制限時間内にたくさん文をノートに書くのです。例えば，「さる」だったら「さるがとぶ。さるがバナナをたべる」などの文をたくさんノートに書かせるのです。

単純な活動ですが，制限時間内に書ける文の数が多くなったり，主語がその日によって変化したりすることで，子どもは大盛り上がりでした。

「やった！昨日より増えた！」などとイキイキした様子が見られるようになりました。

そして，ある日書くことが苦手だった子が，「家で文を書いてきました！」と自主的に家で文づくりをしてきたのです。

結果的に，この年のクラスの子どもたちは全員がスラスラと一文を書けるようになり，年度終わりには，みんな書くことが大好きになり，他の先生方が驚くほど文章をたくさん書く子たちに成長することができました。

・休み時間のようなイキイキした姿を授業中に生み出せ！
・なおかつ，「学習のねらい」を達成できる活動を。

「単元」「教科」の枠を飛び越えた学習を創る

「単元」や「教科」の枠を飛び越えてこそ本物の力が育つ

せっかくいい授業がつくれても，その「単元」だけ，その「教科」だけで盛り上がって次の単元や他の教科ではダメ……という状態も往々にしてあり得ます。

それでは子どもに「本物の力」がついたとは言えないでしょう。

積極的に「単元」や「教科」の枠を飛び越えた学習を創っていきましょう。そうすることで，子どもは単元や教科でつけた力をどんどん伸ばしていくことができます。

1年生「クラス内文通実践」

「単元」や「教科」の枠を飛び越えた学習を一つ紹介します。これも私が3年目に1年生を担任した際に実践したものです。

私は1年生に対して「書くことを好きになってほしい」という願いをもっていました。

「書くこと」を自身の研究テーマに掲げていたのです。

「書くこと」は国語の「単元」や「教科」の枠に収まりません。どの授業でも書くことはするからです。授業はおろか，学校生活において「書くこと」は欠かせません。

つまり，子どもたちが「書くこと」を好きになれば，学校生活全体も充実すると考えたのです。とにかく子どもたちに「書くって楽しいな」と思ってもらい，ちょっとした時間でも「書こう！」と思えるような場を設定したいなと考えました。

そこで，私は「クラス内文通」という実践を考えました。

この実践は，クラスに手紙を出す用のポストを一つ置き，一人一人も手紙を受け取るポストを持ち，それぞれがお互いに手紙を出し合うというものです。

子どもたちは友だちに手紙を書き，私の机に置かれた手紙を出す用のポストに出します。それを私が放課後に一つ一つ目を通し，子どもたち一人一人のポストに振り分けます。子どもたちは翌朝，自分のポストの中の手紙を読む，という流れです。

これを始めると，子どもたちはとにかくいつでも「手紙を書こう！」というやる気が見られました。

授業時間に手紙を書く時間をとらずとも，空いている時間を見つけては休み時間や給食の前の時間などに手紙を書く子どもの姿が見られました。

普段楽しく話している友だちとも，手紙でやり取りをすると新鮮なようで，毎朝自分のポストを楽しそうな表情で確認していました。

子どもたちは１日平均３枚の手紙を授業時間外で書いていました。しかも授業時間外に，強制されることなく，です。

これこそ私のねらっていた「書くって楽しいな」とか，自分から「書こう！」としている姿でした。そしてそれは「教科」や「単元」の枠を飛び越えた，ダイナミックな実践となったのでした。

本実践をもっと詳しく知りたい方は，拙著『１年生担任のための国語科指導法』（明治図書）や「わたしの教育記録」入選論文「入門期の一年生へ書くこと指導の工夫」などをご覧ください。

- **子どもを「単元」や「教科」の枠に閉じ込めるな。**
- **子どもの「やる気」を引き出せ！**

よい「システム」を創り上げる

よい授業にはよいシステムあり

「システム」と聞くとなにか「機械的」「冷たい」などという印象を受けがちですが，よい授業，よい指導，よいクラスには，よい「システム」が背景にある場合が多いものです。

「システム」とは，学級の中での「こういうときは○○する」とかいう「仕組み」のことです。

最も分かりやすい例は，係活動や当番活動などをどのように進めるかという「仕組み」のことを「係や当番のシステム」などと表現します。

そして，**「システム」とはあまり関係のなさそうな「授業」も，実は大きく関わっています。**

例えば，漢字ドリルの進め方の「システム」です。

教師一人一人によってそのシステムは大きく違うでしょう。「教師が決めた2文字をドリルにやってノートに練習してくる」などというざっくりしたシステムしか構築していない教師もいれば，「ドリルはこのように進める，ノートにはこのように練習する」と細かいシステムを構築している教師もいることでしょう。

その**システムがよければ，子どもには自然と力がつきますし，システムが悪ければ，子どもには力がつきません。**

授業においても，よいシステムを構築できる力は，教師にとって非常に重要なのです。

子どもに合わせて，子どもとシステムを創る

「システム」を構築する際，教師が「このようなシステムにしよう」と決めることと同時に，目の前の子どもに合わせる，ということも欠かせません。

目の前の子どもに適していなければ，「システム」に子どもを当てはめることになり，上手くいかなくなります。

よい「システム」の具体例を出しましょう。

体育で「走り幅跳び」の実践をした際，子どもに合わせてシステムを構築しました。

私は，授業の初めの時間を，子どもが自分たちで動けるようにシステム化したいと考えていました。

ちょうどその時期は真冬で，少しでも空いている時間があると体が冷えてしまい，授業も活性化せず，怪我の可能性も高まることが考えられました。

そのため「システム化」し，指示なしで自分たちだけでも運動をスムーズに始めていけるようにと考えたのです。

ポイントとしたのは，体を温めるためにも「運動量を確保」することと，その上で「主となる運動につなげること」でした。そして，「子どもが自分たちでできること」でなければ意味がないと考えていました。

そこで，初めは立ち幅跳びと助走練習の仕方をしっかり授業で指導することにしました。そして「授業の初めにやっていなさい」と丸投げするのではなく，班ごとにチェックし，自分たちで十分できるようになったところで，授業の初めに私からの指示なしで運動を始めていてよいというシステムにしたのです。

そうすることで，授業の初めにわざわざ子どもを集めて指示をすることなく，体を冷やすことなくスムーズに運動に入っていけました。

子どもの様子をよく見てシステムを構築していくようにしましょう。

・「システム」について再考せよ。
・子どもをよく見て，システムを構築せよ。

Chapter 4

力量を高めよ！

信頼をつかみとる 職員室・保護者対応編

信頼される教師はみな力量が高い

職員室は「実力の世界」である

「土居さん，教員は公務員だから年功序列だと思うでしょう。確かに給料の面ではそうだよ。でも実はね，発言権の面では，教員の世界は実力の世界なんですよ」

私が教育実習でお世話になった先生のお言葉です。

当時は意味が分かっていませんでしたが，今ではその意味が分かる気がします。

普段どんなに理論的でかっこいいことを言っていても，クラスを1年間もてない教師は信頼されません。

また，どんなに誠実で性格がよく人間性の優れた教師でも，授業が下手なら「あの人，いい人なんだけれどね……授業がね……」となってしまいがちです。

信頼され，発言権のある教師は，絶対的に学級経営や授業が上手な教師です。

このように考えると，「同僚から信頼を得よう」と同僚とコミュニケーションを取ったり，先輩に付き合ったりすることも大切ですが，**最も大切なのは「自分の力量を高めること」と言える**でしょう。

具体的には**「○○について聞きたいんだけれど……」と頼りにされ，質問されるような力量も人間性も優れた教師を目指すこと**です。

ですから，同僚から信頼を得るには一見回り道のようですが，「同僚から信頼されるように行動しよう」と心がけるのではなく，**「頼りにされるくらい自分の力量を上げよう」と自己研鑽に励むこと**が近道です。

自分の力量を上げることこそ，子どもを伸ばせ，同僚からも信頼を得られる「王道」と言えるでしょう。

力量を高めることで「自分のやりたい仕事」も回ってくる

自身の力量を高め，クラスの子どもがイキイキしている，明らかに学力が上がっているなどの「子どもの事実」を示せば，自ずと同僚や上司からの信頼は集まります。

皮肉なもので「同僚や上司から気に入られよう」とだけ思っていても，なかなか本当の信頼は得られないものです。

やはり我々教師は子どもを伸ばせてナンボなのです。

力量を周囲から認められさえすれば，周囲の顔色をうかがうことなく信頼を得られるのです。

そして，**力量を認められれば，「自分のやりたい仕事」も自ずと回ってきます。**

私は授業研究についての仕事がしたいと思っていました。

そのため，授業をことあるごとに校長先生に見てもらっていました。そこで認められ，私は３年目にして研究主任の大任を拝しました。

また，同じく３年目には市の研究大会で校内研究の成果を発表し，それが評価を得て，県の研究大会，最後は全国の研究大会でも発表させていただきました。

このように，自身の力量を高めることで職員室での信頼を得られ，結果的に「自分のやりたい仕事」も回ってくるようになるのです。

力量を高め，「子どもの事実」で勝負できる教師を目指しましょう。

- **実力を高めて同僚から信頼されることこそ「王道」である。**
- **「子どもの事実」で勝負せよ。**

「能ある鷹は爪を隠す」であれ

「実力の世界」とはいえ……

教師が同僚から信頼を得るには「力量を高めること」が一番重要だと述べました。

とは言っても，力量「だけ」ではダメです。

「力量」のある（と思っている）教師にありがちな欠点は「傲慢」だということです。いくら力量があっても傲慢な人は嫌われます。

やはり，**ベストは力量があって謙虚な教師**です。

自分が力を入れて研鑽してきたことに対して自信をもつのはよいことです。しかし，「傲慢」になると，周りの教師から煙たがられ，「浮く」ようになります。

この項では力量を高めつつ，謙虚で居続けるための心得について述べていきましょう。

淡々と実践・仕事に励む

私の大学院時代の恩師，故長崎伸仁先生の座右の銘は「淡々と」でした。

研鑽を積み，力量を高めていくと「○人集まる公開授業をした」とか「雑誌原稿を書いた」とか「講座で登壇した」など，一見「華やかな」成果も出ることがあります。

その**「華やかさ」をもって自分は「偉くなった」などと勘違いをする**から「傲慢」になっていきます。

そんなことは，目の前の子どもには関係ないことですし，同僚にとっても「どうでもいいこと」です。

同僚にとっては「執筆」「登壇」なんてするよりも，一つでも多く学年，学校の仕事をしてほしいと思っています。「公開授業」の陰では大なり小なりサポートしてくれているはずです。

ですから，自分の力量を高めていって「華やかな」仕事をすることがあっても，またなくても，目の前のクラス，学年，学校の仕事を「淡々と」しっかりこなすことです。

「どんな先生からでも学ぶことはある」という精神で

私は現在，執筆の機会や登壇の機会をいただけるようになりました。

しかし，勤務校の先生から日々学んでいます。

教師になって7年目になり，多くの先生方と接して，一緒に働いてきましたが，その中で気付いたことがあります。

それは，**「どんな先生でも，自分より上手なことが一つはあり，学ぶことはいくらでもある」**ということです。

ベテランの先生であれば，当然指導の仕方や学級経営などで，たくさん学ぶことがあります。

また，自分より若い先生からだって，たくさん学ぶことがあります。まだまだ授業が上手くなくても，「子どもの話すことをしっかり聞こうとしているなぁ。自分はあのような姿勢で聞けているかな」などと考えさせられることがあります。

このような「誰からでも学べる」という精神をもてれば，きっと謙虚で居続けられるはずです。

- **謙虚さを持ち続けよ。**
- **淡々と実践に励むべし。**
- **先輩・後輩問わず学ぶ！**

同僚の信頼は子どもの姿でつかむ

百聞は一見にしかず

本章では「同僚から信頼を得るには力量を高めることである」と述べていますが，それは具体的に言えば**「子どもの姿，事実をもって信頼を得る」**ということです。

たくさん本を読んだり，セミナーに行ったりして，知識を得ることや有名な人とつながりをつくることで，同僚から信頼を得られるわけではありません。

そんなことは同僚からしたら「どうでもよい」ことなのです。

「百聞は一見にしかず」です。

授業を見に来てもらったり，授業外での子どもの様子を見たりして，「この先生は頑張っているんだな！」と信頼を得るようにしましょう。

授業で信頼をつかむ！

やはり，我々教師の本分であり，本書の重要事項でもある「授業」を見てもらって判断してもらうのが一番手っ取り早いでしょう。

校内研究の授業者には積極的に立候補すべきですし，力を入れて構想した授業は積極的に同僚，管理職に公開すべきです。

授業での子どものイキイキとした姿を見せるときこそ，最も同僚，管理職からの信頼を得られる瞬間です。

もちろん，信頼を得るために授業を公開するわけではないのですが，授業を公開することは，教師である自分に「負荷」をかけることにもなり，自分の力量も上がるので，最もよい手だと思います。

私も公開授業などは積極的に行うようにしていました。その中で，心ある教師は，授業参観後コメントを書いた紙をくださいました。その先生とは授業を見合うようになり，いつも的確にコメントをくださいましたし，自分では気付けないことに気付かせていただきました。

同僚に授業を公開することで，このような副産物もあるかもしれません。

たとえ授業が上手くいかなかったとしても，３年目であれば「公開するなんてえらいな」とか「熱心に頑張っているな」と思ってもらえるはずです。

ぜひ，授業を同僚に公開してみましょう。

授業以外で信頼をつかむ！

授業以外でも「子どもの姿・事実」で同僚の信頼をつかめます。

例えば，挨拶です。クラスの子どもが担任である自分以外にも積極的に挨拶をするように育っていれば，必ずそれに気付く先生が現れます。

私も，同学年の先生に「先生のクラスの子，いつも明るく挨拶してくれますね！すごいですね」とよく言われます。小さいことですが，確実に信頼にも繋がっています。

また，異学年交流のときです。よく「パンフレットなどの成果物を下学年に見せてあげる」などの活動が行われませんか。そういう機会には，私はクラスの子どもにお礼として感想文を書かせます。それをサッと書かせて綴じて，パンフレットをくれたクラスにお渡しするのです。すると，後日担任の先生から「感想文ありがとうございました！ところでどうやったらあんなに書けるのですか！？」などと仰っていただくこともありました。

- **読書量，セミナー参加，執筆，登壇，全て同僚にとっては「どうでもよいこと」である。**
- **子どもの姿，事実で信頼を得よ！**

全体指導で同僚の信頼をつかむ

「全体指導」は同僚から信頼を得る格好の場！

前項では「授業」を公開することなどについて述べました。

しかし，忙しい学校現場において，そのような時間をなかなかとれないのも事実です。

そこで，**学年全体や学校全体を動かす「全体指導」に立候補したり，力を入れて考えて実践したりすることをおススメします。**

全体指導の場では，基本的に他の先生方は子どもたちを見守りつつ，指導を見ることになります。

そこで子どもたちの姿がイキイキとしていたり，やる気があったりすれば，「ひと味違う！」となるわけです。

「全体指導」は同僚や管理職から信頼を得る格好の場なのです。機会があるときは積極的に挑戦しましょう。

学年全体に「時間を守ること」の指導をする

学年全体を指導する機会は，校外学習や運動会練習など，行事のときに多くあります。このような機会で積極的に指導するようにしましょう。

全体指導では，多くの教師がうまくいかないと「怒鳴る」「叱る」という手を使いがちです。

よく運動会練習や卒業式練習のときに「〇〇しなさい！」という教師の大きな声が聞こえてくることがあります。

そうではなく，**なるべく「間接的指示」で子どもに考えさせながら指導していく**ようにしましょう。

例えば，「時間を守る」ということの指導です。

自然教室が台風で延期になり，持参した弁当を学校で，しかも学年全体で体育館で食べるということがありました。次には，清掃の時間が迫っていたので，食べ終わったら「〇時〇分までにクラスごとに整列・座っていること」という決まりになっていました。

しかし，決められた時刻になっても，私のクラスは整列していましたが，それ以外のクラスは7，8割の子が整列しているだけで立ち歩いたり，遊んだりしていました。

そのような状況を見た学年主任の先生は「ここからは土居さん頼むわ」と全体指導をするように言われました（**信頼が積み重なると，このような困難な場面での全体指導を頼まれるようになる**のです）。

さあ，読者の先生方ならどうしますか。

マイクを持って「何をしているんだ！もう時間だろう！」と怒鳴るのが一番ダメな手法です。

恐怖しか印象に残らず，行く先は「従属」か「反発」です。しかも，しっかり整列していた子たちも教師の怒鳴り声を聞かなくてはなりません。それではかわいそうです。

それとも全員を残して説教するでしょうか。同じく，整列していた子たちは馬鹿を見ることになりますね。

多くの場合，あらかじめ「そろそろ時間だよ。並びなさい」と声をかけ，失敗させない，というような手もとられます。しかし，それをやっているうちは「自分で時計を見て自分で動く」子には育ちません。

私は，次のようにしました。

あらかじめ「時間になるから並びなさい」というような声は一切かけず，時刻を過ぎたのを確認した後，整列している子たちの近くに行き，クラスごとに「起立」と声をかけました。当然整列している子たちはすぐに立ちます。

「教室に戻って掃除をしましょう」と声をかけました。

話したり，遊んだりしていた子たちは何が起こっているのか分からないというような表情でした。

あわてて列に並ぼうとする子もいましたが，その場でストップさせました。

残った子たちに対して「（学年主任）先生は，〇時〇分に整列していること，と言っていました。知らなかった人」

誰も挙手しません。

「知っていた人」

全員が挙手しました。

「ここにいる人でそれができていた人」

誰も挙手しません。

「ということは，知っていたのにやらなかったわけですね。その代わりに何をしていたのか言ってもらいます」

「遊んでいました」

「話していました」

一人一人恥ずかしそうに述べました。

「全員に聞きます。今帰っていった，あなたたちと同い年の多くの子ができていたように，時間を考えて整列することは，自分はできないと思う人」

誰も挙手しません。

「自分もできると思う人」

サッと全員が手を挙げました。

「自分もできるのですね。自分もできることをやらなかったばかりか，しっかり並んでいた子は今あなたたちの分まで掃除してくれていますよ。教室に戻ったらどうしますか」

「一生懸命掃除します！」と口々に宣言していました。

その後，クラスごとに起立させ，教室に戻し，清掃活動に合流させました。

ほんの３分ほどの指導時間で，皆真剣に掃除に取り組むことができました。

全体指導のポイント

全体指導に正解はありません。特に，今回例に挙げたような，子どもが時間を守らないという「不測の事態」が起こってしまったときはなおさらです。

それでも，私が意識していることをいくつか挙げておきたいと思います。

まずは，「○○しなさい！」「××してはいけません！」などの**「直接的指示」はなるべく使わない**ということです。これを使うと命令や押し付けになりがちで，子どもを「従属」させるか「反発」させるかしかありません。「間接的指示」で考えさせることを意識しましょう。

また，**なるべく「一人一人と一対一」で話しているような感覚をもたせること**です。クラスでの指導も同様ですが，全体指導では教師一人に対して子どもが大多数います。そんな中，「みんな，○○しましょうね」などと全体に向けて話していても，一人一人に話が入っていかないのです。多くの子は自分が言われていると感じていません。そこで，事例にも挙げたように「○○な人？」と挙手させたり，「何をしていたか言ってください」と実際に一人一人に言わせたりするなどして，「一対一で話している」「自分に話されている」「自分はどうだったか」などという感覚をもたせるようにしましょう。

最後に，**常によく考えること**です。子どもに響く全体指導と響かない全体指導とがあります。自分の全体指導を振り返ったり，他の教師の全体指導を見たりして，響く全体指導とはどのようなものなのかを常に考えていくことです。

響く全体指導ができれば，指導が終わった後「勉強になりました。ああやって話すのですね」などと先輩教師から言われることもあります。このように，全体指導は同僚から固い信頼を得られるのです。

- **全体指導は同僚から信頼を得る格好の場と心得よ。**
- **全体指導は一人一人と話している感覚をもたせること。**

保護者の信頼も子どもの姿でつかむ

「保護者に気に入られよう！」ではない

保護者と良好な関係を築くのはもちろん重要なことです。

しかし，「保護者に気に入られよう」とご機嫌をうかがったり，擦り寄ったりする必要はありません。あくまでも我々教師は，「子どもの姿」で勝負したいものです。

基本的には子どもが前向きに，イキイキと学習や学校生活に取り組んでいれば，保護者は担任の教師を信頼します。同僚から信頼を得るのと同じように，**自分の力量を高め，子どもを伸ばすことで保護者から信頼を得る，というのがベスト**です。同僚からの信頼も，保護者からの信頼も，「自分の力量を高めること」で得ようと決めることは，実は効率もいいのです。

そうでなければ，「同僚に気に入られるために」とか「保護者に気に入られるために」と教師にとっての本分である「授業」や「子どもを伸ばすこと」からブレていきます。

一方「自分の力量を高め，子どもを伸ばすことで信頼を得よう」と決めれば，取り組むことは一つ，力量を高めるために研鑽を積むことです。そうすれば，我々教師の本分である授業に力を入れるようになります。そして，子どもを伸ばすことに全力を傾けるようになります。このように，教師にとって「すべきこと」がブレずに済むのです。

「子どもの姿」で勝負するのは一見過酷で遠回りのようですが，実は教師として大成する一番の近道なのです。

授業で信頼を勝ち取る

「子どもの姿」で保護者の信頼を勝ち取ると述べましたが，その中でもやはり**「授業での子どもの姿」で信頼を勝ち取れるのが最高**です。

３年目頃は授業で勝負する，というのが本書の一番の主張だからです。

まずは，子どもたちが安心して授業を受けられているかを保護者は見ています。皆が座って，しっかり学習している状態です。

この段階をクリアしたら，次は「授業の質」で勝負すべきです。

教育に関心のある保護者ほど，授業の質まで見ています。

ある年，「モラルジレンマ」を用いた道徳授業を授業参観で行いました。議論は盛り上がり，子どもたちの思考を深めることができました。

すると，授業後あるお父さんから話しかけられ，「先生，授業拝見し，とても面白かったです。我々の頃と違って，今は子どもたちに考えさせる問いをするのですね」と言われました。「発問」のことまでよく見ているのです。

このような教育に関心のある保護者は，一旦心をつかめば自分の強い味方になってくれます。

「子どもの姿」で勝負する！

ある年受け持った男の子は引継ぎで「離席，授業妨害をする」と書かれていました。保護者も少し学校に不信感をもっていたようで，私にも年度初めは冷たい対応でした。

その子はとても人懐こくてかわいい男の子でした。すぐに授業をしっかり受けられるようになり，書いてくる作文も見違えるほどよくなりました。

すると**保護者もガラリと変わりました。一番の味方というかファンのようになってくれました。**特に何をしたわけではありません。子どもの姿を見てそうなってくれたのです。やはり，我々は子どもを伸ばしてナンボです。

・保護者に媚を売るな。
・授業や子どもの姿で信頼を得よ！

学級通信で教育哲学を伝えよう

学級通信で自分の思いや知識，子どもの姿を伝えよう

保護者と毎日会って話すことはできません。

そのため，懇談会や面談などの場が設けられていますが，それでもなかなか保護者一人一人とじっくり自分の考えや日々の子どもの様子を話す時間はありません。

そこで，**学級通信を発行することをおススメします。**

最近は学級通信が週予定や子どもの様子を伝えるためだけに出されているのを目にしますが，それ以外のことも書いていくべきだと思います。

特におススメなのは「自分の考えや知識」です。

「自分の考えや知識」を伝えるとはどういうことでしょうか。以下に，私が書いた通信を抜粋します。（1年担任時）

> 私は音読を重視しています。私は小学校の頃音読が嫌いでした。「なぜやらなくてはいけないのか」が分からなかったからです。わざわざ声に出して読まなくても理解できるよ，と思っていたからです。保護者の皆様も小学校の頃たくさん音読の宿題が出たのではないでしょうか。しかし，いろいろ勉強するうちに「低学年のうちに音読が上手な子は後々に読解力も高かった」というデータが出ていることを知りました。ですので，1年生のこの時期にきちんと音読できる力をつけたいなと考えています。

参考文献：自己調整学習研究会編著『自己調整学習』北大路書房（2012）

このように「自分の考えや知識」を根拠とともに伝えることで，「この先生はしっかり考えてくれているんだな」と保護者は思ってくれることでしょう。

学級通信活用法「授業の感想」

また，学級通信を活用して家庭とつながるこんな方法もあります。

それは，授業参観の日に子どもたちに配る学級通信に「授業の感想欄」を設けておき，切り取れるようにしておくのです。そして，それを後日提出してもらいます。そうすると，予想以上に多くの保護者の方が提出してくださります。そして，それをさらに次号の学級通信に載せます。

このような取り組みを行うと，「この先生は本当に熱心だな」とか「授業に力を入れてくれているんだな」と思ってくれるはずです。

私がいただいた感想を一部，紹介します。（抜粋）

・こんな国語の授業は初めて見ました。自分の頃は「眠い，退屈」としか捉えていなかった国語授業の概念が変わりました。
・うちの子どもがあんなに積極的に手を挙げているのを初めて見ました。
・先生と子どもとのやり取りを見ていて厳しくもあたたかい先生だと思いました。大人になってから「土居先生は大切なことを教えてくれていたな」と思われるような先生だと思いました。

「自身の授業力向上の参考にさせていただきますので，感想を書いて出してください」としか伝えていませんが，こうやって大体はいいことを書いてくれます。ちなみに最後のものは前項で紹介した男の子の保護者の感想です。

もちろん，このように感想を提出してもらうことは，学年の先生方や管理職の許しを得て行ってください。

・通信を使って自分の哲学・考えを伝えよ。
・「授業」の感想を積極的にいただくべし。

Chapter

5

3年目だからこそ身につけたい！

良サイクルを生み出す仕事術編

真の「働き方改革」は「意識改革」から

「何のため」が抜けた「働き方改革」は意味がない

「働き方改革」の波は教員の世界にも押し寄せています。

Twitter などの SNS を覗いてみると,

「定時退勤！」

「今日も早く帰ろう」

などというような投稿がたくさん見られます。

現在，いかに「早く帰るか」ということを意識して多くの教員が働いているかということが分かります。

そして，学校における無駄な業務を削減しようという動きが多く見られます。

そのこと自体，私は大賛成です。

「初任者本」にも書きましたが，力量のある教師ほど仕事が速く，帰るのも早いものです。

しかし，ただ「早く帰れれば」，それでよいのでしょうか。

定時に退勤すること，あるいは早く帰ることは，「何のため」なのでしょうか。

そこが抜けてしまうと，せっかくの「働き方改革」もあまり意味がなくなってしまいます。

「何のため」の働き方改革かというと，**教師の力量向上と子どもの成長のため**です。

力量のある教師は，早く帰って読書，授業構想，授業の振り返り，自らの理論の構築アウトプットなど，「自己研鑽」を積んでいます。

それができないくらい現場での業務が膨大化しているからこそ「働き方改革」をし，教師が本分である授業に力を注げるように，というのが本来の主旨なのです。

この**「何のため」に早く帰るのか，という目的意識を欠いては，「単に早く帰るだけの教師」になってしまう**のです。

全ては自分が伸び，子どもを伸ばすため

繰り返しになりますが，早く帰る「だけ」では全く意味がありません。

業務を精選して空いた時間を利用して「自己研鑽」を積むのです。具体的な方法は，次章「Chapter６自己研鑽編」で詳しく述べます。

今は忙しすぎて「早く帰る」という目標をもち，実行するだけで精一杯かもしれません。

しかし，**それだけで満足していてはいけない**のです。

仕事を早く終わらせ，自己研鑽を積み，教師である自分が成長し，子どもを成長させることこそ「真の働き方改革」なのです。

現状は「仕事を早く終わらせる」ことすらできていません。

これは，「真の働き方改革」の２段階前の状態だということを自覚しましょう。

「仕事を早く終わらせる」→「空いた時間で自己研鑽を積む」→「自分が伸びる，子どもが伸びる」という「真の働き方改革」の全体像を常に自分の中にもっておくようにするのです。

- **「何のために」早く帰るのかを明確に！**
- **「真の働き方改革」は「自分（教師）が伸び，子どもが伸びる」までを視野に入れる。**

何のための「優先順位」なのかを意識する

教職における「優先順位」の考え方

仕事を効率的に進める上で，「優先順位」をつけることが重要だといわれることがあります。

私もその考えには賛成です。

任される仕事が増えてくる３年目頃の教師にとっても，「優先順位」をつけて仕事に取り組んでいくことは大切です。

さて，それでは教職における「優先順位」とはそもそもどういうことなのでしょうか。

普通，「優先順位」と聞くと，「最初に取り組むべきこと，そしてその次に取り組むべきこと，そして次に……」といった具合に，取り組むべき「順番」を思い浮かべがちです。

しかし，そうではありません。

教職における「優先順位」は，「何を優先して力と時間をかけるか」ということです。つまり，力の「軽重」をつけるための優先順位なのです。

教師の仕事は，「終わり」のない仕事です。「ここまでやれば完璧。終わり！」とは言い切れない仕事ばかりです。

例えば保護者対応一つとっても，「ここまで対応すれば，完璧」ということはあり得ません。

「終わり」のない仕事が多いため，「優先順位」をしっかりつけて，力と時間を分配して取り組んでいくことが重要なのです。

「良サイクル」を生み出す

さて，それではどのように優先順位をつければいいでしょうか。

その基準は「子どもの成長に関わるかどうか」ということです。

我々教師は子どもを伸ばすために存在しています。ですから，「子どもの成長に関わる」ことに全力を注げるようにしましょう。そうすれば，自ずと教師の「子どもを伸ばす力」，つまり力量も伸びてきます。すると，毎日の仕事も楽しく充実してきます。この**「子どもの成長に関わることに力を注ぐ」→「教師が伸びる」→「子どもが伸びる」→「仕事が楽しく充実する」という「教職の良サイクル」**が生まれるのが，適切な優先順位をつけられた状態です。これこそ，優先順位をつける最大の目的なのです。

一方，例えば「事務作業」に力を入れていったらどうなるでしょう。事務作業に特化した教師に成長してしまいます。誰もそんな教師になりたくはないでしょう。しかし，目の前の押し寄せる仕事の波に飲まれて優先順位を上手くつけられないと，そのようなことも起こりうるのです。

このように，しっかり優先順位をつけて軽重をつけて取り組む，ということは，その後の教師の成長にも大きく関わるくらい非常に重要なのです。

「子どもの成長に関わる仕事」とは

最後に，具体的に「子どもの成長に関わる仕事」を挙げておきます。

それはとにかく「授業」に関わることです。授業構想，授業の振り返りなどです。また「学級」に関わることです。学級通信を作成することや，学級指導の際に話す内容を考えることなどです。そして，「学年・学校全体の子ども」に関わることです。例えば，運動会の学年ダンス指導や学校行事に関する仕事などです。これらは優先順位が高く，力と時間をかけて取り組むべきことです。しっかり力をかけて取り組むことで教師自身の力量も高まります。

・「子どもの成長に関わる仕事」に全力を注ぐ→教師が伸びる→子どもが伸びる→……という「良サイクル」をつくり出せ！

「即時処理」と「後刻処理」とを意図的に使い分けよ

「子どもの成長に直接関わらない仕事」は「即時処理」

優先順位をつけて，力と時間に「軽重」をつけて仕事に取り組むべきだと述べました。そしてその基準は「子どもの成長に関わるかどうか」ということでした。

本項では，「子どもの成長に関わらない仕事」と「子どもの成長に関わる仕事」に，それぞれどのように取り組んでいくかについて述べましょう。

まず「子どもの成長に直接関わらない仕事」についてです。

具体的には，職員アンケートの記入，教職員の親睦会の仕事，名簿づくりなど，学級事務全般などの仕事がこれに当たるでしょう。

このような仕事は基本的に「即時処理」です。

仕事が発生した瞬間，すぐにその場で終えてしまいます（「初任者本」でも「その場主義」として紹介しました）。

授業づくりなどと違い，このような仕事は深い思考を必要としません。ですが，このような仕事が一番厄介になるときがあります。

それは，「忘れていた」ときです。

すぐにできるのに後回しにするから，「忘れて」しまって，結局締め切りを過ぎてしまうのです。

反対に捉えると，「忘れ」さえしなければ全く問題ありません。忘れないためには「すぐに」「その場で」処理してしまうことです。

例えば，職員アンケートを頼まれたらすぐに書いて提出してしまえばよいのです。

「子どもの成長に関わる仕事」は「後刻処理」で考える時間を長くとる

「即時処理」によって時間を確保し，「子どもの成長に関わる仕事」へ全力を投じましょう。

しかし，**この仕事の厄介なところは，力と時間をかけたからといって，「これで完璧！終わり！」とはならない（なりにくい）ところ**です。

「処理」するというよりも，深く「思考」することが求められるからです。

そこでおススメなのは，**後刻処理にし「考える時間を長くする」こと**です。

そのためには**「スタートを早くする」こと**です。

例えば，９月に力をかけたい単元があるとします。

その授業づくりを夏休みに開始するのではなく，３月の春休みから「少し」始めておくのです。

教科書を読むとか，関連書籍を読み始めるなど，ほんの「少し」でいいのです。

そこで始めておいて，その単元のことをずっと頭の片隅において毎日を過ごしていくようにします。

すると，その単元のことを考えている期間は半年以上となります。

その間，いろいろな本を読んだり，経験をしたりします。

その中で深く考えたり，アイディアが生まれたりするのです。

このように，深い思考が必要な仕事はかなり前に「少し」始め，考える期間を長くとることをおススメします。

- **「子どもの成長と直接関わらない仕事」は「即時処理」。**
- **「子どもの成長に関わる仕事」は「後刻処理」。**

3年目におススメ！具体的仕事術①

所見はすぐに書く

「よし！書くぞ！」でも進まない……

教師の大きな仕事の一つと捉えられているのが通知表の作成です。

中でも「所見」を書くことはなかなか時間のかかる仕事です。

私の勤める川崎市では，児童一人に対して450文字ほどの所見を書きます。それが40人で，それに加え外国語所見，総合所見と加わってくると，軽く３万字ほどは１回の所見で書くことになります。

しかし，私は家で書いたり，残業して書いたりしません。全て学校で，勤務時間の中で書くようにしています。

そして，それは可能です。

よく，所見を書くことが教師の仕事の大部分であるかのように力と時間をかけて書き，所見の時期が終わると燃え尽きているような人がいます。しかし，**所見で燃え尽きているうちは，その教師の飛躍はまずありません。**

もちろん「力をかけて書く必要はない」とまでは言いませんが，**私は所見に力と時間をかけるよりも授業づくり，振り返りに力と時間をかけるほうが子どもにとっても，教師にとってもよい**と考えています。

所見はサッと書き終えて，淡々と授業に力を入れ続ける，これを目指しましょう。

所見で「燃え尽きない」ことです。もっと重要なのは日々の授業です。

残念ながら，**所見をサッと書けるかどうかは，所見提出締め切り１ヶ月前くらい，多くの教師が書き始める頃にはもう決まってしまっています。**

気合を入れて「よし！書くぞ！」と意気込んでも，**それまでの準備ができていないと書けないのが所見です。**

気合だけで乗り越えようとせず，賢く乗り越えていきましょう。

「書ける！」と考えたときが「書くとき」

所見を制するには，「気付いたときに書く」ということです。

子どもの光る行動が見られたとき，「あ，これは所見で書けるな！」と多くの教師は「考え」ます。

皆，「考える」には「考える」のです。

しかし，多くの教師がそれを「考える」だけで行動しません。

ですから，いざ「よし！所見を書くぞ！」というときに思い出せず，時間がかかってしまうのです。

「書ける！」と考えたときに，すぐ「行動」するようにしましょう。

最低でもメモをすることはしておくようにします。

「生活面」「学習面」とざっくり２枚の名簿を常に持ち歩くようにします。そして，「書ける！」と考えたとき，どんどんそのメモに書き込んでいくのです。

たった２枚，名簿にメモしておけば，所見は余裕で書けてしまいます。

また，**名簿にメモするのさえ面倒であれば，その日の放課後にすぐ書いてしまうことをおススメ**します。

つまり，**周りの教師よりもずっと早く書き始めてしまう**のです。

一気に２万字以上書こうとするから負担に感じるのです。前々から書いていれば，そんなに大した負担ではありません。

とにかく，所見よりも授業に力を入れられるように，所見を素早く書ける工夫をしていくことです。

・「所見」で燃え尽きるな！
・「気付いたとき」に書いていく。

3年目におススメ！具体的仕事術②

宿題チェックは面談方式で

意外と時間のかかる宿題チェック

毎日の教師の仕事の中で意外と大きな割合を占めるのが「宿題チェック」です。

どんな宿題を出しているかにもよりますが，朝宿題を集めて，その後普通に授業をしていたら，初めて宿題を見られるのは中休みあるいは給食の時間です。

中休みや給食の時間は子どもたちと過ごすとなると，宿題を見られるのは昼休み，放課後になってしまいます。

これでは，放課後に毎日仕事が一つ残っていることになってしまいます。

場合によっては宿題を見ただけで定時を迎えてしまうこともあるでしょう。

ここまで酷くはなくても，宿題をチェックする時間をとることはなかなか難しく，授業と授業の合間などにせっせとしていることが多いでしょう。

ここで考えたいのは二つです。

一つ目は，**もっと効率的に宿題を見られないか**ということです。そうすれば教師はもっと早く帰れるようになり，自己研鑽に時間を割けます。

二つ目は，せっかく宿題を見るのであれば，授業と授業の合間にせっせと見るような，「宿題チェックのためのチェック」ではなく，**教育効果を生むような宿題の見方はないか**，ということです。

私はこの２点について考えた結果，「面談方式」がよいのではないかと考えています。

面談方式で一石三鳥

普通は，宿題を出す場所を決めておいて，子どもたちは朝登校したらそこに提出します。そして，教師は全員が出し終わったのを確認して，そのチェックに入ります。

これを変えて，「面談方式」にするのです。

「面談方式」とは簡単なことです。

登校してきた子から，教師に宿題を見せに来させるのです。

朝，登校したら「おはようございます！宿題やってきました！」などと言って，ノートをこちら側に向けて持ってくるようなシステムにしておけばよいのです。

開門時間は決まっていますが，一気に全員が来るわけではありません。

つまり，いい具合に「時間差」をつけて登校してくるわけです。

だから，教師のもとに並ぶ列がのびてしまう心配もそこまでありません。

この方法を使えば，**朝の会が始まる頃には既に宿題チェックをほぼ終えた状態にすることができます。**

さらに，面談方式で話しながら宿題を確認することで，「ここはもっと漢字の使い方を調べて書こうね」と学習の仕方をきめ細かく指導したり，「頑張ったね！」とほめたりすることができます。**ノートにつけるサインや花丸だけのフィードバックよりもより大きな教育効果を生みます。**

そして，**子どもと「関わる」機会を自然に保障します。**朝の会までに１回は子どもと必ず関われることは実は大きなことです。宿題を見ながら，他愛もない話をするのもよいでしょう。

ちなみに，このような「面談方式」は，サッとチェックできる漢字練習などの宿題のときがおススメです。日記などには向きません。使い分けましょう。

- **「面談方式」宿題チェックで朝の会開始時には宿題チェックが終わっているように！**
- **子どもと関わる機会にもなる。**

3年目におススメ！具体的仕事術③

「見通し」を意識的に立てる

「見通し」は重要！

「見通し」がないと不安でたまりません。

逆に「見通し」があれば，それだけでひとまず安心できます。

それくらい「見通し」は仕事をしていく上で欠かせないことです。

実は子どもも同じで，教師がうまく見通しをもたせてあげられると，子どもは安心して授業を受けたり，学校生活を送れたりします。

誰にとっても重要な「見通し」ですが，これを意識的にもつことで仕事の効率は格段にアップします。

前日の帰りに見通しを立てておけば朝からフルスロットル！

一刻も早く帰りたい定時付近の時刻。

「定時に帰る」ということにこだわるのもよいですが，それだけにこだわると，次の日の朝，「ええと，どこまでやったんだっけな」などと思い出す時間がかかることがあります。

そこで，退勤前に次の日の朝「何から手をつけるのか」を見通しを立て，付箋に書くなどして机に貼っておきましょう。

そうすれば，次の日の朝，出勤した途端，フルスロットルで働くことができます。

このように前日に「見通し」を立てることは，思い出す時間をなくし，朝の貴重な時間を有効に使えるようになるのです。

1年間の「見通し」は4月1週目に立ててしまう

３年目頃になれば，自然と１年間の「見通し」もそれなりに立っているでしょうが，さらに意識的に立ててみましょう。

４月の１週目が勝負です。

ここで新しい校務分掌や学年の中での仕事が決まっていくはずです。

それらの仕事の１年間の「見通し」をこの時期に立ててしまうのです。

すると，膨大なように感じていた仕事の量が，そうでもなく見えてくるようになります。

「この時期にあれをやればいいんだ」と分かっているだけで大きく違うのです。

ポイントは，自分の担当の仕事がいつあるかを把握すると同時に，それをこなすには，**「いつ動き始めればよいか」も考えて決め，スケジュール帳に書き込む**ことです。

例えば，前期学年集会の実行委員を動かす仕事を担当したとします。

このときの「見通し」の立て方は，まずいつ学年集会をやるのかを確認することです。

これを知れば，あとはそこから逆算して，「いつ動き始めればよいか」を考えておくのです。

９月下旬に集会があるとすれば，８月下旬から動き出せばよいでしょう。

この「いつやるのか」と「いつ動き始めればよいのか」の二つをセットにして，一覧にして机カバーシート（「初任者本」でも紹介した，机の上に敷く透明のシート）に入れていつでも目につくようにしておけば，確実に処理することができます。

このように，１年間という長いスパンでの「見通し」も「いつやるのか」と「いつ動き始めればよいか」をセットで考えれば立てられるのです。

- **「見通しを立てること」は素早い仕事をするための第一歩！**
- **早め早めに見通しを立ててしまうこと。**

Chapter 6

初任者気分から脱却せよ！

さらに飛躍する教師になるための自己研鑽編

「全国レベル」に触れよう

「井の中の蛙」ではいけない

「初任者本」の自己研鑽編にも「自分だけの世界に閉じ込もらない」「歪んだ自己肯定感はもたない」ということを述べました。

３年目頃からはそれをさらに強く意識し，**積極的に外に出て，様々な教師に触れること**が重要です。

そして，**できれば「全国レベル」に触れる**ようにしましょう。

全国的に名が知れ渡っている，単著が複数冊ある，このような教師は，やはり他の教師とは一味も二味も違う何かをもっています。

このような「全国レベル」に直に触れてみましょう。

必ずあなたの中の何かが変わります。

私自身がそうでした。

「はじめに」でも述べたように，「うまくいっている」と思っていた３年目に土作彰先生のセミナーに行き，土作学級の子どもの姿を映像で目の当たりにし，度肝を抜かれたのです。

確か，給食準備を３分間ほどで終え，全員で乾杯している動画だったと思います。

そのときの一人一人のイキイキしている様子と言えば……今でも鮮明に覚えています。

とにかく，**その日を境に，私は自分の仕事を見つめなおすようになった**のでした。

「全国レベル」に触れることで，自分のちっぽけさを痛感し，「井の中の蛙」でいることが防げるのです。

ショックをバネに！

土作先生のセミナーの帰り道，私は「自分のこれまでは仕事をしていなかったようなものだった」と反省したのを覚えています。

土作先生に比べたら，自分なんて子どもの力を全く伸ばしてあげられず，「仕事をしている」とはいえないと思ったのです。

しかも，それなのに「自分はそこそこやれている」とさえ思っていたのでした。

本当に恥ずかしく，悔しい気持ちになりました。そして，子どもたちに申し訳ない思いでいっぱいになりました。

このときの「ショック」と「悔しさ」がそれからの私の，そして今の私の原動力です。

それから私の実践は変わりました。私自身の意識が変わったからです。

「子どもを伸ばす」という言葉は普段簡単に使いますが，実際にそれを突き詰めて行っている「全国レベル」の教師に触れると，それまでの自分の仕事が全て否定された気になるのです。その「ショック」と「悔しさ」をバネにすることで教師は大きく変わるのです。

積極的に「全国レベル」に触れましょう。

そのためには，教育書を読むだけでなく，積極的に著者に会いに行きましょう。インターネットやＳＮＳなどでセミナーなどを探すのです。「この人は！」と決めた人であれば，少々遠くても必ず会いに行くのです。そうすれば，あなたの教師人生は変わっていきます。

・積極的に外に出て，全国レベルに触れよ！
・ショックや悔しさを積極的に受けに行き，原動力に変えよ。

研究会・サークルでは発表者に「立候補」する

研究会・サークルに所属する

「初任者本」にも書きましたが，**教師として飛躍したければ研究会やサークルに必ず所属しましょう。**

３年目頃になってもまだ所属していない場合，急ぐべきです（研究会・サークルを選ぶ基準などは「初任者本」をご覧ください）。

なぜ所属しなければならないかと言えば，**「力を高めていくのに，一人では限界があるから」**です。

よほどの天才でない限り，自分一人で自分の力量を高めていくのは非常に難しいものです。

そのため，研究会やサークルに入るのです。その中で志の高い「仲間」と出会ったり，自分の成長を促してくれる「師」と出会ったりします。

これらの出会いは何物にも換えがたいものです。

自分を成長させたければ，研究会・サークルに所属しましょう。

実践発表者に立候補する

せっかく研究会・サークルに所属していても，毎回「参加」するだけの人がいます。

つまり，自分は発表せず，人の発表をただ聞いているだけということです。

正直言って，発表をしないでただ研究会に所属しているだけでは全く力は伸びません。

「受信」よりも「発信」をしたほうが，収穫は何倍，何十倍も大きいのです。

私は幸運なことに，所属する「国語教育探究の会」で初任の年から毎年発表をさせていただいています。

発表をするとなると，提案性のある実践を構想しなくてはいけません。そのために教材研究に明け暮れることになります。そしてそれを実践していかねばなりません。

正直，大きな発表を控えているときは非常に苦痛です。毎日毎日「勝負」の授業をこなしていくわけです。そして，やっと終わったと思ったら，今度はその単元を振り返り，実践レポートにまとめていかなくてはなりません。

辛いですが，この過程が教師の１日１日，１時間１時間を濃密なものにし，結果的に飛躍的に伸びるのです。

どんな人間にも平等に時間が与えられているように，どんな教師にも平等に授業ができる時間数が与えられています。

それなら，「濃い」授業をしたほうが成長するに決まっているのです。

実践発表に「立候補する」ことは，自分を追い込み「やらねばならぬ」状態にすることで，教師としての時間を「濃密」にすることになるのです。結果，教師人生自体を「濃密」にします。

とにかく「立候補」しましょう。

「発信機会」を確保すべし

とはいえ，一つの研究会に所属するだけでは「実践発表」の機会は限られてくるかもしれません，

私の所属する「国語教育探究の会」では，実践発表ができるのは１年に１～２回ほどです。

これでは，**本当にやる気のある教師にとって発信の場は少ない**のです。

そこで，**複数の研究会・サークルに所属する**のです。

そうすれば「発信」する機会を複数確保することができます。

また，複数の研究会・サークルに所属すれば，自分の実践に対して様々な

角度から意見をもらえ，自分の考えを広げることもできます。

現在私は「国語教育探究の会」に加え，群馬の深澤久先生の主宰する「深澤道場」，そして私の主宰する「KYOSO's」という三つのサークルに所属し，発信の機会を確保しています。

ちなみに「深澤道場」と「KYOSO's」では２ヶ月に１回，参加者全員レポート持参，つまり全員が「発信者」として例会を行っています。これはなかなか大変なことですが，やればやっただけ確実に力がつきます。

毎回の例会に合わせて，私は１万字以上の実践レポートを書きます。これを２ヶ月に１回のペースで繰り返すのです（これに加えてありがたいことに，私は本や雑誌の執筆もさせていただいています）。

当然，教師人生の毎日が濃く充実したものになり，非常に意識的に過ごすようになります。

３年目付近の先生，どれだけあなたは自分の実践を「発信」しているでしょうか。

全然できていないなという人は，自分から動き「発信機会」を確保していきましょう。「学ぶ場は自ら切り拓く」の項（p.140）も参考にしてください。

実践を構想する

実践発表に立候補したら，実践を構想していきます（詳しい構想の仕方はChapter３の「授業づくり編」をご覧ください）。

この期間は最も重要です。

実践発表に立候補した者のみが得られる「苦しみ」の期間でもありますが，この期間に教材と向き合い「気付き」を得て，そこから「ねらい」を具体的につくり出していったり，子どもの思考を推測・想定して１時間の構成を練ったりすることで，教師の授業を構想する力は格段に伸びるのです。

また，先行実践にも目を通すことになります。「実践発表」ですから，提案性がなくては発表する意味がありません。

となると，今までの先行実践で既にやられていることをまた実践しても意味がないのです。

しかし，この「先行実践に目を通す」という行為も決して無駄ではありません。たくさんのいい実践を読めば，それは確実に自分の実践を創る力にも繋がっていきます。

そもそも発表に立候補しなければ，わざわざ先行実践に目を通すなどという面倒なことはしないはずです。立候補し，提案性のある発表をしなくてはならないから，先行実践を読むこともできるのです。

やはり，発表に立候補することは，いいことしかありません。

実践をまとめる

実践が終わったら，実践レポートを作成します（詳しい作成の仕方は次項をご覧ください）。

この段階では，実践を振り返ることになります。「授業編」でも述べましたが，実践を「やりっ放し」にせず，きちんと振り返ることは，教職における力量形成の上で非常に重要なことです。

これも，発表に立候補しなければ，まずしないことです。

発表し，いただいたコメントを今後に生かす

いよいよこの後は，発表です。

と言っても，実践発表に立候補することで得られることの多くは既にこの段階にくるまでに得ています。

さらに実践発表による成長を大きくするには，発表時にいただいたコメントを生かすことです。特に，「批判的な意見」を真摯に受け止め，納得のいくものはきちんと今後の実践に生かすようにしましょう。ポイントは「納得のいくもの」ということです。

- **早いうちに発表者に立候補すべし！**
- **「発信」するからこそ得られるものがある！**

実践レポートで力量を高める

実践レポートの意義とは

自分なりの問題意識をもちながら実践に取り組み，単元あるいは領域の実践の成果や課題についてまとめていくのが実践レポートです。

実践レポートを書くことは確実に教師の力量を高めること，すなわち研鑽に繋がります。Chapter３「授業づくり編」でも述べましたが，教師にとって「振り返る」ということは非常に重要だからです。

また，文章に起こすということは，**深く考えなくてはいけません。**ただ実践するだけでなく，しっかり構想を練り，実践し，そして自分の実践について深く考えながら文章を書くという繰り返しを行うことで，教師にとって**最も重要な「考える力」が伸びる**のです。

昨今は「ハウツー本」が氾濫しており，教師の「考える力」が低下しているように感じます。**「実践」とは，ハウツー本の真似をすることだと思っている教師もいる**ように思えます。

実践は，教師自身が目の前の子どもを見て，自分の頭を使って「考える」ことから始まるのです。

実践レポートを書くことで，「考える力」を伸ばしていきましょう。

「はじめに」（問題意識）を最も重要視して書く

実践レポートの具体的な項目や書き方については Chapter３「授業づくり編」（p.85）をお読みください。

項目の中では，特に「はじめに」を重要視しましょう。ここは，教師の「課題意識」を書くところです。その実践をどのような課題意識のもと創ったかということです。または，その実践のテーマのようなものです。

この「はじめに」で実践レポートの価値はほとんど決まってしまいます。「自分はどんな実践がしたいのだろう」「現状で上手くいっていないことは何か」と自問自答し，よく考えることです。そういう思考こそ，教師の考える力を高めるのです。

例えば，私が「わたしの教育記録」で「特別賞」を受賞した実践レポートには，以下のような「はじめに」を書きました。

> 日記指導は多くの教室で取り入れられている。私も子どもたちに日記を書かせてきた。しかし，イマイチ子どもたちの力を伸ばせているという実感がなく，子どもたち自身も「ただ書かされている」という雰囲気が漂っていた。そこで，昨年度，「意識的」に「日記指導」実践を積み重ねてみた。本稿はその実践をまとめたものである。

（拙稿「力のつく日記指導のあり方に関する考察─進級制度を通して─」より）

「日記指導において子どもを伸ばせていない」という自身の実感から，自分の実践を創っていったのです。

このときの実践では，具体的に「進級制度」を設け，明確なねらいと基準のもと指導していくことにしました。その指導の効果を，子どもが書いた日記を実際に挙げながら，まとめていき，実線レポートにしました。

「わたしの教育記録」HP（https：//sho.jp/teachers/info_contest/）からダウンロードできるので，興味のある方はお読みください。

教師のしたこと・子どもの様子を「具体的」に書く

「はじめに」をしっかり考えて書くのと同じくらい大切なのは，**「教師のしたことや言ったこと」と「子どもの様子」を「具体的」に書くこと**です。

「具体的」に書くことで，教師は自分の指導や言葉に対して「意識的」になれますし，「子どもの様子」をしっかり「見られる」ようになります。

そうすることで実践を創る力は格段に上がります。

教師のしたこと（手立て）を実際に子どもたちに話した言葉レベルで，かつ子どもの様子を人数や実際に言った言葉レベルで「具体的に」書きましょう。

例えば，以下のような記述は全く「具体的」に書けていません。

> 「題名を詳しくするとしたら，『大きな力を出すコツは息』がいいか『大きな力を出すコツは声』がいいか」を話し合うという学習活動である。この課題を考え，話し合うとき，筆者の論調に寄りながら読む子どもは「息派」になり，自らの経験と照らし合わせながら読む子どもは「声派」になるであろう。ここでは，声派の意見を取り上げ，筆者の意見と違う自分の意見をもってもいいのだということを子どもたちに伝えたいと考えた。それを知ることが，文章を正しいものとしてただ受け流す状態から，言葉にこだわり，文章を評価し始める第一歩であると考えた。この教材はプレ教材であるので，そのレベルで十分であり，次の「動いて，考えて，また動く」でさらに深い評価にもっていこうと考えた。話し合いをする前は息派が多かったが，話し合いを終えたころには，声派が増え，半分半分ぐらいになっていた。

（「大きな力を出す」（光村図書４年）の実践レポートより）

実は，これは私が初任者のときに書いた「実践レポート」です。

教師が考えていたことは書かれていますが，具体的にどのような言葉で投げかけたのかなどが全く書かれていません。

例えば，１行目から２行目にかけての「学習活動」はどのように子どもに発問したのか，どのような言葉を言ったのかが分かりません。

また，子どもの様子も具体的ではありません。例えば，「話し合いをする前は息派が多かったが」とありますが，どのくらい多かったのか具体的な人数も分からなければ，どのような意見が出されたのかも分かりません。
一方，４年目で書いた実践レポートの一部が以下の記述です。

「言葉遊びはいくつ出てきましたか」と発問し，自分の意見を書いたテープを胸に貼り，教室を自由に歩き回り，ペアをつくって話し合いをした。純粋に文章に出てきている言葉遊びの数を数えるか，例として詳しく説明されているものを数えるかで意見は分かれる。５個と３個にクラスは分かれた。ペアトークをする前の自己決定では，５個が10名，３個が24名であったが，ペアトーク後に５個派の子が意見を変え，５個５名，３個29名となった。そして，３個派から以下のような発言を引き出す。

「しりとりと早口言葉はくわしく説明していないから数えませんでした」

この考えから５個派の子は意見を変えたようである。そこですかさず本時の中心課題である，「それでは，しりとりと早口言葉は書かなくてもいいのですね」という発問を投げかけた。そして自己決定させた。はじめは「いる」が26名，「いらない」が10名であった。

（「言葉で遊ぼう」（光村図書３年）の実践レポートより）

初任のときに書いたレポートと比べて，「具体的」になっていることが分かります。教師がどのように発問したかが書かれています。また，子どもの人数や意見も明記されています。このように書けるようになったということは，教師が自分の言葉に「意識的」になり，子どもをきちんと「見る」ようになったからです。それこそ，授業を振り返る大きな意義なのです。

- **実践レポートで「考える力」を伸ばすこと。**
- **「はじめに」に力を入れて書くこと。**
- **教師のしたこと，子どもの事実を具体的に書くこと。**

授業記録で力量を高める

授業記録はさらに「具体的」に書く

実践レポートでは，1単元あるいは1領域（「書くこと」など）の実践の記録をまとめるのに対し，授業記録は1時間の授業について記録を書きます。

そのため，授業記録は実践レポートよりもさらに「具体的」に書くことが求められます。

授業記録の書き方はChapter3「授業づくり編」(p.83～）で示した通りです。

まず，**教師の発問，指示，説明の三つを子どもに言ったままの言葉で書きます。**そして，それに対する**子どもの反応，意見，人数などを細かく書いていきます。**最後に**授業全体の反省**を書きます。

何も意識せずに授業した後は，これらを思い出そうとしても，思い出せないのです。

ぜひ一度試してみてください。

最初は悲しくなるくらい思い出せないはずです。私もそうでした。深澤先生から「授業をした後，家に帰って授業記録を書いてみなさい」と言われ，書き出したのですが，すぐにペンが止まってしまいました。どうしても思い出せなかったのです。

私はこのとき，「自分はこれまでなんていい加減に授業をしていたのだ」と大きなショックを受けました。その日にやった授業すら思い出せないような授業を子どもたちにしていたわけです。

それから，私はなんとかしっかりした授業記録が書けるようになりたい，と努力しました。初めは，主な発問，指示などを書いた略案をつくり，そこに子どもの発言を**メモしていくようにしました。**

１年間ほど繰り返していくと，メモなしでも板書写真だけを手がかりに思い出して授業記録が書けるようになりました。**それは即ち，教師としての言動を「意識的」に行えるようになり，子どもを「見られる」ようになったということに他なりません。**

また，**書いた授業記録は学級通信として子どもに配り，朝の会などで読みました。**そうすることで子どもたちの授業に対する意識もどんどん高まっていきました。中には，「先生，私の発言が微妙に違います！」という苦情（？）を言ってくる子もいました。それだけ鮮明に覚えているということです。

具体物で見る授業記録

ある程度のものを書けるようになってきた頃の，私が書いた授業記録をpp.138－139に載せます。

どの程度「具体的に」書いているのかを実際に読んでみて感じてほしいと思います。百聞は一見に如かずです。

この二つは，私が３年目頃に５年生を担任したときの授業記録です。Ｂ４の５ミリ方眼用紙を用いています。どちらも１時間を１枚で書ききれず，授業記録だけで２～３枚使い，さらにその後に子どものノートのコピーなどを入れ，１回の授業に４～５枚の５ミリ方眼用紙を使ってしまうこともあります。

注目してほしいのが，**教師の発問，指示，説明や子どもの様子に加え，教師による「反省」なども書いていること**です。例えば，１枚目の下段左のほうに「本当はここで，『なぜこれらの意見は説得力があるのだろう』とツッコめばよかった」などという，「反省」の記述があります。

細かいことだな，と思われるでしょうが，**授業ではこういう細かいことが大切**なのです。授業後に振り返りながら授業記録を書き，反省もすることで新たな気付きを得ることができ，細かいところまで意識することができるようになるのです。

5年1組（ゴー!!）87号（授業記録バージョン）

大造じいさんとガン 10/31

今日はいよいよ、初読からのナゾである「大造じいさんと残雪は仲が良くなったのか」というナゾである。

10時45分、わざと少し遅めに教室に上がると、何人かの子が漢字を学習していた。4号車は音読をする子が多かった。

今日やることはもう予告してあったので、すぐに「大造じいさんと残雪は仲が良くなったのか」と板書。

指示1 今日のめあてを言いましょう

発問1 何人くらい「仲が良くなった」と考えましたか

挙手させたが、あまり多くなかったので、もう「仲が良くなった」とは考えていないだろう。

発問2 それでは、なぜ「仲が良くなった」と思ったのでしょう

これも挙手が10人程。[illegible]
[redacted]さんを指名。「きっと、残雪を逃がす時に、大造じいさんが[illegible]のところで、堂々と戦おうじゃないか」と、板書する。

発問3 それでは大造じいさんは残雪を一生懸命世話したのでしょうか

指示2 ノートに理由を書きなさい

3分十秒 5分の作業時間を取る。

途中、[redacted]さんから「仲が良くなったかどうかを考えるんじゃないんですか」と質問が。とても反省した。「なぜこのことを考えるのか」ということをきちんと説明しないといけない。大造じいさんが一生懸命世話をしたのかどうかを考えることで、大造じいさんと残雪が仲良くなったかどうかが分かるのだ。これもきちんと説明すればよかった。

また、途中、「これを考えるのは難しいよ」という子がいたので「どうして」と聞く。「書いてないから」。難しいことですね。そうか、残雪が大造じいさんと過ごした冬のことは本文に直接書かれていないのだ。それを、書いてあることから想像しなくてはいけないのだ。

えんぴつを置かせる。人数を数える。
した……25人
していない……10人

指示3 「した」の人から発表してください

挙手して言わせていった。挙手したのはほぼ全員だ。
次のような意見が出た。

○残雪は、大造じいさんの[illegible]にいたから、良くなったから。（[redacted]）
○残雪のケガが治ったのは大造じいさんが世話をしたからではないか。
○あんなにぐったりしていた残雪が、元気になっていったのだから。（[redacted]）
○大造じいさんはその前の場面で、残雪が頭領としての威厳を守ろうとするところに強く心を打たれて、それで残雪のケガを治そうと世話したと思う。（[redacted]）

○「また堂々と戦おう」と言っているのに、世話をしないのはおかしい。（[redacted]）
○おとりのガンを救ってくれたから。（[redacted]）

よく考えていると思うが、どれも「予想」に過ぎない。

指示4 「していない」の人、発表してください

○まず、「一生懸命世話をした」と書かれていない。（[redacted]）
○もし、じいさんが一生懸命世話をしていれば、もっと早く治ったのではないか。（[redacted]）僕もケガをしたことがあるけど、そんなに早く治らない。
○おとりのガンは、作戦で使うから飼っていたが、残雪は[illegible]（[redacted]）

[illegible][redacted]さんに「ひっかけ」。

発問4 どこから「おとりのガンが飼っていた」のが分かりますか

「飼いならす」ということを問うて確認。

発問5 じゃあ、残雪が飼われていないとどこから分かりますか

教科書の場面に、すぐに飛び立った、というところを全員で確認。
このことが分からないと、[redacted]さんの発言は分からない、と判断して、「ひっかけ」ということで、何人かの子が納得した様子で、「あー!!」と声をもらしていた。

指示5 「していない」の人、続きを言ってください

○[illegible]（[redacted]）
○「春になると」と書いてあって、自然に回復したと考えられる。（[redacted]）
○おとりのガンは「鳥小屋」で飼っていた。残雪は「おり」に入れていたから、鳥小屋では世話をしなかった。おりに入れておいただけだと思うから。（[redacted]）

ここも「ひっかけ」。

指示6 どちらの意見も、[illegible]鳥小屋で[illegible]、もう一度確認しましょう

その後、全体で確認。「これが分かった人?」と聞くと、ゼロ。それにしても、よく気がついたものだ。（[illegible]）

[redacted]さんは、もう一つ「していない」の理由を言った。
「[illegible]」とあるけど、[illegible]、一生懸命世話をしたとはいえない[illegible]。

発問6 自分ならばどうだったか[illegible]

[redacted]の意見は素晴らしかった。

[illegible]「仲が良くなったのかは結論が出ない」[illegible]という[illegible][redacted]さんも[redacted]さんも、本文に[illegible]「結論」[illegible]「予想」では結論は出ない。（続く）
（[illegible]）

5-1(ゴーリー)118号～事例と比喩は似て非なるもの～

学ぶ場は自ら切り拓く

「発信機会」を確保したくても……

先に，自分の実践を発信する機会を確保すべきだと述べました。

しかし，そうは言っても自分の周りにそういった研究会やサークルがない，という場合もあるでしょう。

実は，そういう教師が増えてきているように思います。

つまり，**研究会やサークル自体が減ってきている**のです。

昨今の多忙化により，放課後や休日に集まって教育実践のことについて語り合う余裕がなくなっているのかもしれません。

「日々を過ごすのに精一杯」

これが多くの先生方の本音かもしれません。

しかし，これでは，「教師が学ばない」→「子どもが伸びない」→「教師がやりがいを感じなくなってくる」→「教師が益々学ばなくなる」→「子どもが伸びない」……という負の連鎖を生んでしまいます。

実は，日々を過ごすのが精一杯だと感じている段階を抜け出して「飛躍」に向かうには，**少し無理をして自己研鑽を積むしかない**のです。

そうすれば，「教師が学ぶ」→「子どもが伸びる」→「教師がさらに学ぶ」→「子どもがさらに伸びる」→……，という「良サイクル」が生まれます。

ですが，周りに研究会やサークル自体がなければその良サイクルも生み出すのが困難になります。

本項では，周りにそういった「発信」できる場がない場合どうしたらよいかを考えていきましょう。

実践論文投稿に挑戦！

私は初任のときから「国語教育探究の会」に所属してはいましたが，そこでの実践発表ができるのは多くて年に２回程度でした。

そして，私の周りに他の研究会やらサークルはありませんでした。

これでは一人前になるのに数十年かかかってしまう，と考えた私は，**「自分一人でも，実践をまとめていこう」と考えました。**

探究の会での発表以外でも実践をまとめることにしたのです。

そして，どうせまとめるならそれを評価してもらいたい，と考えた私は，実践論文を投稿することに決めたのです。

日本には様々な教育賞があり，それは基本的には実践論文を投稿し，選考されます。

私は，実践をまとめ，実践論文を書き，様々な教育賞に応募することにしたのです。

審査委員はどの教育賞も，錚々たる面々でした。この方たちに読んでもらえるだけでも，投稿する価値があると考えたのです。

初任の年からチャレンジし続けましたが，初めのうちは落選ばかりでした。「これは！」と手応えのあった，とっておきの実践をまとめるのですが，全く引っかからないのです。そして，入選した実践論文を読むと，やはり自分の実践とは段違いでした。「あぁ，自分の実践は自己満足だったんだな」と何度も痛感しました。

しかし，ちょうど本書の対象である「３年目」に小学館主催「わたしの教育記録」に入選したのです。その後は再度「わたしの教育記録」に入選したり，読売教育賞も受賞させていただいたりしました。

今思えば，落選の日々で「全国にはすごい先生がたくさんいる」ということが分かり，謙虚に貪欲に学び続けることができたのが，その後の入賞に繋がっているのだと思います。

もちろん，教育賞に入賞したからといって，それが即ち目の前の子どもたちにとって有益な先生になれたと言い切れるということではありません。

それでも，教育実践を見る目の肥えた審査委員の先生方が選ぶような実践には必ず何らかの価値があると思います。

なかなかそれは自分では分からないものです。

普段閉ざされた「教室」という空間で過ごす我々教師は，どうしても客観的な目を失いがちです。

だから，**少し上手くいくと「自分は相当レベルが高いのでは」と勘違いを起こしてしまう**のです。

そんなときは，ぜひ実践論文を投稿してみてください。

客観的な目で，それも確かな審査員の目で自分の実践を評価してもらえる絶好の機会が実践論文投稿なのです。

ちなみに，実践論文を投稿する際は，基本的に私は「実践レポート」をそのまま投稿していました。

本書で紹介した「実践レポート」の書き方で書けば，そのまま実践論文として投稿することができます。もちろん参考文献，引用文献があればきちんと明記するようにしてください。

以下に，おススメの実践論文投稿先を紹介しておきます。（　）内は主催団体です。詳しくはインターネットなどで募集要項などをお調べください。

・「読売教育賞」（読売新聞）
・「わたしの教育記録」（小学館・日本児童教育振興財団）
・「東書教育賞」（東京書籍）
・「学事出版教育文化賞」（学事出版）
・「博報賞」（博報児童教育振興会）

周りにサークルがなければつくればいい！

実践論文を投稿することだけではまだ自分の「発信機会」は足りないと考えていた私は，論文投稿に加え，**自分のサークルを立ち上げました。**

ちょうど「3年目」のときです。

今，自分の周りに研究会やサークルがない，という方は，やる気があるのならば，すぐにでもつくるべきです。

サークルと言っても難しいことではありません。

同じくやる気のある同年代の先生を誘って，一緒に実践レポートを書いて集まり検討したり，模擬授業をし合ったりすればよいだけです。

定期的に開催することで，確実に「発信機会」をつくることができます。

私は大学の同期と2人でサークルを始めました。初めは自宅で行っていましたが，今では人数も増え，会議室を借りて例会を行っています。

サークルは研究会よりもざっくばらんに実践について語り合える場です。また，基本的には10人以下くらいの少人数で行いますから，一人一人が実践レポートを持ち寄るということになります。ということは全員が主体で「発信機会」を与えられるということです。

これは大きいことです。

まずは自分の知っている教師で「この人は！」という人を見つけましょう。

SNS で繋がっている教師でもよいでしょう。ただ，気軽に集まれるために家は近いほうがいいと思います。

きっとやる気のある教師であれば，話を持ちかけたら「やろう！」となるはずです。あとは，それを繰り返して人数を増やしていけばいいのです。

簡単な話なのです。**サークルがなければ，自分でつくればいい**のです。3年目頃の若い教師にはそれぐらいの行動力は当然あってほしいものです。

- **「学ぶ場」がなければ自分でつくればいい。**
- **実践論文に挑戦すべし！**
- **サークルをつくってみよう。**

師からの言葉を真摯に受け止める

師のひと言で……

師をもつことの大切さはChapter 1の「心得編」で述べました。

ありがたいことに私には，師と呼べる人が3人いました。

お一人は亡くなられ，今はお二人の師についていこうと決めています。

師のひと言で自分の教師としての「力量」が急激に高まったり，「在り方」を正されたりすることが何度もあります。

そのようなお言葉を真摯に受け止めることも立派な自己研鑽なのです。

「書くことで発表してみない？」のひと言

私の師，お一方は大学時代の恩師石丸憲一先生です。

石丸先生とは，もうかれこれ10年以上の付き合いになりますが，「あれをやれ」とか「これをやれ」と指示されたことはほとんどありません。とにかく自由に育ててくださいました。

さて，そんな石丸先生ですが，私が3年目の頃「1年生の書くことで発表してみない？」といきなり電話をいただきました。

実は「初任者本」でも書いたのですが，初任者のときも「説明文で発表してみない？」と電話をくださり，ありがたくも初任者の年に実践発表させていただいたのでした。

今回も当然「やらせていただきます！」と即答しました。それまで私は「読むこと」領域の研究ばかりしてきました。「書くこと」の研究的実践をしたのは初めてだったのですが，結果として，子どもたちは「書くこと」が大好きになり，力が大きく伸びた実践を創ることができました。

石丸先生のお言葉を受け止め，「書くこと」の実践にも力を入れていった結果，**明らかに自分の幅が広がりました。**しかも幅を広げるための余裕が出てくる３年目という時期だったのも最高のタイミングでした。師のアドバイスとはそういうものなのです。

「その子に慕われているか？」のひと言

もうお一方は教師３年目で初めてお会いした群馬の深澤久先生です。

深澤先生からはもちろん教育技術も教わっていますが，一番は「教師としての在り方」を教えていただいています。

私がクラスのある子に手を焼いていることを相談したときのことでした。その子はある事情で言葉もままならず，しかも発達上の特性も抱えている大変難しい子でした。何一つ課題に取り組まず，挙句の果てに友だちにも暴力を振るってしまうようなこともありました。

困り果てて深澤先生に「先生ならどうしますか」とお聞きしました。どんな秘策を教えてくださるのだろうか，と思っていたら深澤先生からは「土居さんはさ，その子に慕われているのかな？私だったらとにかくその子の最大の味方になろうとするよ。言葉も厳しい，友だちともうまくいかないんだろう？だったら教師が味方になってやらなくてどうするんだい？こんな群馬まではるばる来てそんなことを聞くんじゃなくて，教室でその子のためにできることがもっとあるだろう」と言われました。頭をガーンと殴られたようでした。

それからです。私はその子をとにかく可愛がりました。そうすると，本当に変わるのです。子どもを愛すること以上の教育技術はないと学びました。

・師のひと言を受け止めることで自分が伸びる。
・よく考え，よく苦しめばいい。

おわりに

「初任者本」に続いてこの「３年目本」を書かせていただけることになり，非常に嬉しい思いでいっぱいでした。
なぜなら，私にとって本当の意味で教職の楽しみを知ったのは３年目以降だったからです。

初任者の年，２年目も，子どもとも保護者とも概ね良好な関係を築け，楽しく過ごしてはいました。
しかし，３年目に土作先生のセミナーで衝撃を受け，深澤先生と出会ってからの私は，それまでとうって変わって，「子どもを伸ばす＝力を発揮させる」ということにこだわり，授業実践に全力を注ぐようになったのです。
それからは，上手くいかないことももちろんありましたが，子どもを伸ばすことができる喜びを知り，それは教師としてこの上ない達成感でした。
一人でも多くの先生に，私と同じような達成感や教職の楽しさを知っていただきたい，そんな強い願いをもって本書を書かせていただきました。

３年目は本当に大切な時期です。
この時期によき人と出会い，よき本と出合うことでその後の教師人生が大きく変わります。
それはつまるところ，人や本との出会いを通して，教師としての正しい「在り方」を自分の中で確立できるかどうかだと思うのです。

本書では，私が師と仰ぐ石丸憲一先生，故長崎伸仁先生，深澤久先生から学び，そして自分自身の経験を通してつかんだ，私の考える３年目頃の教師の「在り方」を示しました。
　本書が，３年目頃の先生方の飛躍の一助になれば幸甚の至りです。

　最後に，お子様ご出産でご多忙の中，本書を企画してくださった明治図書の林知里様に深く御礼申し上げます。ありがとうございました。

土居正博

参考文献

岩下修『AさせたいならBと言え』明治図書（1988）

大前暁政『20代でプロの教師になれる』学事出版（2009）

大前暁政『忙しい毎日を劇的に変える仕事術』学事出版（2010）

大前暁政『子どもを自立へ導く学級経営ピラミッド』明治図書（2015）

大村はま『教えるということ』共文社（1973）

大村はま『日本の教師に伝えたいこと』筑摩書房（1995）

岡本浩一『上達の法則―効率のよい努力を科学する―』PHP 研究所（2002）

岸本裕史『改訂版見える学力，見えない学力』大月書店（1996）

杉渕鐵良・ユニット授業研究会編著『全員参加の全力教室』日本標準（2014）

杉渕鐵良『完全燃焼！奇跡の子どもたち―ドキュメント「全力で育つ」杉渕学級全記録』日本標準（2011）

土作彰『教える　繋げる　育てる　授業がクラスを変える！学級づくりの３Ｄ理論』明治図書（2014）

ドナルド・Ａ・ショーン『省察的実践とは何か―プロフェッショナルの行為と思考』鳳書房（2007）

野口芳宏『学級づくりで鍛える』明治図書（1988）

深澤久『鍛え・育てる　教師よ！「哲学」を持て』日本標準（2009）

福山憲市『20代からの教師修業の極意―「出会いと挑戦」で教師人生が大きく変わる―』明治図書（2014）

堀裕嗣『教師が20代で身につけたい24のこと』明治図書（2016）

堀裕嗣『教師の仕事術10の原理・100の原則』明治図書（2018）

向山洋一『授業の腕をあげる法則』明治図書（1985）

向山洋一『教師修業十年―プロ教師への道―』明治図書（1986）

村井実『教育学入門（上）（下）』講談社学術文庫（1976）

【著者紹介】

土居　正博（どい　まさひろ）

1988年，東京都八王子市生まれ。創価大学教職大学院修了。川崎市公立小学校に勤務。国語教育探究の会会員（東京支部）。全国大学国語教育学会会員。国語科学習デザイン学会会員。全国国語授業研究会監事。教育サークル「深澤道場」所属。教育サークル「KYOSO's」代表。『教師のチカラ』（日本標準）編集委員。「第51回わたしの教育記録」（日本児童教育振興財団）にて「新採・新人賞」，「第52回わたしの教育記録」にて「特別賞」を受賞。「第67回読売教育賞」にて「国語教育部門優秀賞」を受賞。「第３回国語科学習デザイン学会優秀論文賞」を受賞。『教育科学国語教育』（明治図書），『教育技術』（小学館），『教師のチカラ』（日本標準）などに原稿執筆多数。著書に『クラス全員が熱心に取り組む！漢字指導法―学習活動アイデア＆指導技術―』『クラス全員に達成感をもたせる！１年生担任のための国語科指導法―入門期に必ず身につけさせたい国語力―』『教員１年目の教科書　初任者でもバリバリ活躍したい！教師のための心得』（以上すべて明治図書）などがある。共著に『「めあて」と「まとめ」の授業が変わる「Which 型課題」の国語授業』（東洋館出版社）などがある。

教員３年目の教科書
新卒３年目からグイッと飛躍したい！
教師のための心得

2020年５月初版第１刷刊　©著　者　土　居　正　博
2021年５月初版第３刷刊　発行者　藤　原　光　政
発行所　明治図書出版株式会社
http://www.meijitosho.co.jp
（企画）林　知里（校正）井草正孝
〒114-0023　東京都北区滝野川7-46-1
振替00160-5-151318　電話03(5907)6703
ご注文窓口　電話03(5907)6668

＊検印省略　組版所　株 式 会 社 ア イ デ ス ク

Printed in Japan　ISBN978-4-18-329915-4